中央司法警官学院博士文库
中央高校基本科研业务经费资助
中央司法警官学院博士文库专项项目　XYBSWK2107

# 通往恢复健康和停止犯罪之路

## 希望在社会中的传染作用

〔英〕大卫·贝斯特（David Best）著
任建通　译
李亚西　王　颖　审校

Pathways to Recovery and Desistance

The Role of the Social Contagion of Hope

法律出版社 | LAW PRESS
北京

著作权合同登记号
图字：01–2022–3848

# 序

传统观点认为，当长期吸毒的痛苦大于预期的戒毒痛苦时，毒瘾的运行轨迹会从自我加速吸毒转变为开始恢复。停止犯罪同样被视为害怕不利后果甚至更大恶果所致。这两种观点都积极地将痛苦和惩罚的力量作为行为变化的主要推力因素，并且都对与吸毒和犯罪行为有关的国际政策产生了深远影响。大卫·贝斯特（David Best）教授是提出替代性新观点的先驱之一——他颂扬了拉力因素（例如，社区联系、希望、身份重建、生活意义和目的以及社区服务）的力量，认为这些因素是成瘾恢复、停止犯罪、以及在全面健康、生活质量和社会贡献方面发生更大变化的主要催化剂。贝斯特教授在他的新书《通往恢复健康和停止犯罪之路：希望在社会中的传染作用》中，利用他在澳大利亚和英国的社区和监狱研究，探讨了这种替代方法及其实施方案和政策影响。

过去，人们主要从个人病理学的视角看待成瘾和犯罪，而矫正策略主要侧重于个人内部干预。贝斯特教授的做法则与众不同，他将这些行为置于生态环境中。他认为这些行为失常与个人性格或道德脱节一样，是社会脱节的一种后果，这极大地扩大了潜在干预的范围。他主张，我们不要从问题和需求的复杂性来看待人们，而要从人们尚未开发的能力和可能性的视域下看待他们。这种将焦点从赤字转向资产的做法孕育着诸多可能性。贝斯特教授明确提出，曾经制造复杂社会问题和公共卫生问题的人，可以转变为对解决这些问题至关重要的资产。他的研究进一步揭示，这种转变在社区层面具有社会传染性，这一想法特别有趣且颇具研究价值。简言之，贝斯特教授认为，从对抗社区的个人（成瘾和犯罪过程中普遍存在的“我”取向）到社区中的个人（恢复叙事中普遍存在的“我们”取向）的转变过程，与个人的个性或性格有关，同样还与社区环境有关，并且通过塑造社区环境可以启动和加速这一转变进程。

关于强制性药物滥用和犯罪行为的干预研究，很大程度上集中在症状减轻上。对干预结果的考量侧重于消除或减少药物滥用或犯罪行为，假设没有这些干预措施，罪犯的生活可能毫无变化。但很少有人评估过此类干预措施对一个人的全面健康和社区生活质量有何影响，以及个人健康的变化如何影响社区健康发展。读者会发现贝斯特的大部分研究都集中在后面这些益处上。他的社区干预模型侧重于希望对个人、家庭、社交网络、关键社会机构和整个社区的累积影响和加倍助力。

贝斯特教授探讨了一系列催化思想（如恢复资本、恢复的社会认同模型、恢复景观）和社区层面的干预策略［如基于资产的社区发展（Asset Based Community Development）］，还提供了测试这些理念和方法的行动研究与案例研究。其精心构思后编写的《通往恢复健康和停止犯罪之路：希望在社会中的传染作用》将会受到政策制定者、系统管理人员、成瘾治疗人员、矫正工作人员以及越来越多的具有恢复经验的人的青睐。这些人正在利用他们的经验助力政策宣传、社区振兴活动和志愿者同伴恢复支持项目。

**威廉·L. 怀特（William L. White）** *

栗子健康系统的名誉高级研究顾问

* *Slaying the Dragon*：*The History of Addiction Treatment and Recovery in America*（Chestnut Health Systems，1998）和 *Let's Go Make Some History*：*Chronicles of the New Addiction Recovery Advocacy Movement*（Johnson Institute，2006）的作者。

# 目　录

# 第一章　探知恢复、停止犯罪和重返社会

《通往恢复健康和停止犯罪之路：希望在社会中的传染作用》是在我们现有认知基础上进行的一次尝试，主题聚焦人们如何在长期滥用药物和犯罪后重新融入社区和社会。有一小部分人非常幸运，他们从事了违法犯罪行为，或者有吸毒或酗酒问题，在没有外部帮助的情况下成功地解决了这些问题，但这些人不是本书服务的对象。这项工作的重点是如何支持那些一开始就没有什么技能、资源或支持的人，以及在药物滥用或犯罪过程中失去这些技能、资源或支持的人。

这是一个关于希望的故事，记录了它是如何在最不可能的情境下出现的。书中描述的每个案例研究都是灵感来源，这些灵感基于对希望和改变的愿景以及对联系和希望的感念。这些例子中有许多是在没有任何研究背景或理论指引的情况下开展的，但我认为，所有这些例子最终都得益于从理论和过往实践中汲取的经验和教训。我参与和选择的案例很可能没有什么独特之处，但它们说明了社会运动是如何产生的，并且可以被绘制和测量。我的职责是记录希望的绽放及其对受摧残、边缘化和被排斥群体的影响。

第一章归纳了最新研究证据，涉及从药物成瘾中恢复健康和停止犯罪意味着什么、实现这些目标的周期，以及我们对能够引发和维持积极变化的事物的认识。文献综述将涵盖对恢复和停止的初步总结，对恢复资本的概述，重点聚焦与成瘾有关的社会和社区资本，以及与刑事司法中的恢复性司法程序和治疗法学方法有关的社会和社区资本。还涉及很多以前的研

究材料——来自系列相关学科，我会尝试将它们提炼为清晰的发现与结论，并用它们构建一个叙事，为后续章节所描述的项目奠定理论基础。

此项研究广泛回溯来自心理学、犯罪学和刑事司法领域基于优势的文献，解析了其在研究证据和新概念模型的开发方面取得的研究成果，从而帮助我们理解排斥消解和恢复问题。研究在逐步加大恢复模式和恢复模式参与的社会政策背景下展开，主要涉及英国，但也涵盖这些方面在澳大利亚的发展情况。这是一本关于希望的书，因此所有内容都基于优势的角度来撰写，并且大部分证据都以社区为背景，这些社区的背景和环境存在很大差异。

最终研究和理论部分立足社区和社区建设的证据，以及如何将其用于成瘾和犯罪的研究领域，以改进有关重新融入社会的理论和实践。此项研究还将总结社区资本的概念模型及其与个人资本和社会资本的关系，归纳构筑案例研究知识库的方法。在以下各节中，将简要总结证据，之后得出结论，最后剖析联系和社区资本对重返社会模式的影响。

## 恢复的定义、理论和证据基础

恢复的基本概念取自两个主要来源——在美国和英国召集和报告的共识小组，这两个小组都由同一位著名学者汤姆·麦克莱伦博士（Dr. Tom McLellan）担任主席。贝蒂福特研究所共识小组将从药物成瘾中恢复的行为定义为“以清醒、个人健康和公民身份为特征的自愿维持的生活方式”(2007: 222)。这一立场与英国药物政策委员会（2008: 6）关于恢复的声明是一致的，即“自愿持续控制药物使用，最大限度地提高健康和福祉，确保其参与社会的权利、角色和责任”。这两个定义的关键点是他们认识到恢复是一个过程 。在贝蒂·福特（Betty Ford）的文献中 ，他将恢复分为三个阶段：“早期恢复”，代表恢复的第一年，“持续恢复”，即恢复一至五年之间的时期，以及“稳定恢复”，指恢复五年之后的时间。这一点至关重要，据估计复发的可能性从第一年的50%～70%左右降低到持续恢复五年后的15%左右。丹尼斯等人（Dennis et al.，2014）认为，五年后恢复才能自我维持，而在此之前需要外部支持。在很大程度上，恢复科学侧重于帮助人们实现五年持续恢复所需的过程和支持，以及在此之后的现实需求。

在审视什么可以预测恢复并使其发生之前，值得简要回顾一下关于恢复的普遍性证据，最有力的支持证据来自希迪和惠特（Sheedy and Whitter，2009）对美国药物滥用和心理健康服务管理局（SAMHSA）的调查。他们得出的结论是，在所有经历过长期药物成瘾依赖的人中，58%会实现稳定恢复。尽管惠特（Whitter，2012）回溯415篇论文后得出了一个更为保守的结论，即只有超过一半的长期药物成瘾障碍患者最终会恢复和/或缓解，但这些评论都积极反驳了悲观光谱笼罩下将成瘾理解为慢性复发性疾病的观点。人们可以而且确实会恢复，证据表明，超过一半的药物成瘾者最终会在停止药物滥用之后过上丰富而充实的生活。这绝不应该用来弱化成瘾对个人、家庭和社区造成的可怕损害，甚至是令人震惊且通常为不该出现的生命损失。

然而，成瘾确实提供了动力，这种动力支撑我们去更深入理解什么情况下恢复是可能的，以及什么是支持和促成恢复发生的个人特征和环境。

与此密切相关的是我们可以做些什么来支持这一进程。恢复文献中的一个关键概念是关于这一语境中所指的“我们”包括哪些主体。在以恢复为导向的护理系统中（Sheedy and Whitter，2009；Kelly and White，2011），恢复不仅仅取决于专业人员。虽然许多药物滥用者可能需要临床干预（戒毒、恢复、咨询、药物治疗等），但这既不是必须也不会充分发挥作用，恢复是在社区中发生并得到社区支持的事情。这需要认识到，恢复可能从专业的临床治疗开始，但它最终还是需要生活社区的努力予以维持，并非只是成瘾治疗专业人员参与这一点。正如研究即将揭示的那样，同伴互助、社区团体、家人、朋友同系列专业人员、社区团体和社区活动有机结合，会发挥显著（且有证据支持的）作用。

恢复还有第二个独特的群体特性，近来被描述为“前喻性”（Beckwith et al.，2016）。这对上述过于个人主义的定义提出了挑战，表明不仅应将恢复视为一种社会现象（如 Best，2014），还应将其视为一种“社会运动”。根据这个论点，恢复应被视为一种归属感和内心状态的反映：参加恢复步行、光顾恢复咖啡馆和恢复支持中心的人是社区和恢复运动中的积极参与者，这种集体主义感和团结本身为恢复提供了希望和可能性。下文会在社会和社区资本下展开更广泛意义上的讨论，此处的阐释只是其中的一部分。需要强调的是，从治疗模式到恢复模式的转变，部分源自这一理念：成瘾和恢复不再被仅仅视作身体内发生的事情，而且将社会和社区空间视为恢复进程中固有的必不可少的一部分，并恢复会对它所在的社区产生一定影响。

那么，我们对“谁恢复”以及“什么情况下恢复”了解多少？这里介绍的机制的主要证据基础涉及社会变化因素。穆斯（Moos，2007）回顾了支持恢复的心理机制的证据，并得出结论，认为有两个基本的人际交往过程：一是社会学习，其中榜样提供了如何在生活中恢复的例子；二是团体成员通过“社会控制”学习并遵从团体规范。此外，可以通过观察和模仿更有经验的恢复同伴的恢复行为，进行社会学习，促进两种内化：首先是应对技能的发展，其次是行为经济学方面的变化，其中积极的态度、支持持续恢复的信念与期望逐渐主导个人的价值体系。本次述评的主要结论是价值观、应对技巧等方面存在关键的“内部变化”，但这些可能需要一系列社会支持和引导才能蓬勃发展和成熟化。

利特等人（Litt et al.，2007，2009）进一步证明了社会化过程在恢复中的重要性。在这项随机对照试验中，完成寄住式戒酒的人被随机分配到标准的安置护理或“网络支持”干预中，在此项干预中至少有一名不饮酒的同伴与被调查对象建立联系，即庭审中所指的“网络支持”情况。与标准的安置护理相比，那些在社交网络中添加至少一名不饮酒成员的人在治疗后 12 个月内治疗成功的可能性增加了 27%（定义为 90% 的时间不喝酒）。类似地，隆加堡等人（Longabaugh et al.，2010）发现，一个人社交网络中的伙伴越是反对其饮酒，预示着治疗期间及治疗后不饮酒的天数越多。此外，在此人的社交网络中饮酒行为的频率越低，预示着治疗期间和治疗后不饮酒的天数越多。

社交网络的变化很重要，有部分原因是它支持人们看待自己的方式变化——长期以来，身份问题一直被认为是恢复的核心（正如下一节将概述的那样，身份问题也是“停止犯罪”的核心）。别尔纳茨基（Biernacki，1986：141）认为，为了实现恢复，“成瘾者必须塑造新的身份、观点和社会活动的参与，其中成瘾者的身份被排除在外或大幅减弱”。在英国，麦金托什和麦凯尼（McIntosh and McKeganey，2000，2002）收集了苏格兰格拉斯哥 70 名吸毒者的恢复经历，结论认为，由于滥用药物，吸毒者的“身份已被成瘾严重损害”（McIntosh and McKeganey，2002：152）。以此为基础，他们主张，需要恢复当前“被破坏”的身份。然而，这一论点引发了负面回应，理由是个人通常具有多重身份，而拉德克利夫（Radcliffe，2011）将母亲身份作为一个积极的身份，可以帮助消除成瘾身份并启动恢复工作。对于药物滥用者来说，摒弃充斥着污名化和被排斥内涵的成瘾身份不会是直截了当的，这既由于社会对成瘾的复杂反应，又源自利用包括家人和密友在内的同伴资源中存在的社会束缚。

因此，与以恢复为导向的社交网络的联系很重要，因为它可以让人们了解恢复价值和恢复过程（Longabaugh et al.，2010；Moos，2007），以及创造一种社会环境，可以滋养新兴的“不滥用药物”或“恢复中”的自我意识。同样重要的是，它能让药物成瘾者看到恢复是可能的，恢复中的人可以蓬勃发展，同样重要的是，他们中的许多人都热衷于在这个过程中支持刚开始恢复的人。在这里，社会支持和社会学习将融合在一起，创造一个充满希望的环境，并提供脚手架，使个人能够开拓渠道，挖掘潜在的责任感和动力以支持其恢复之旅。

很明显，到目前为止，我几乎没有说过治疗可以做些什么来支持这一过程，以及专业人员在支持恢复过程中扮演什么角色。研究的一个重要发现是关于同伴可以发挥的关键作用（White，2009），他们的作用主要是基于社区的，但这并不意味着专业人士没有核心作用，而且大部分证据集中在以恢复为导向的护理系统观念上。药物滥用和心理健康服务行政（Substance Abuse and Mental Health Service Administration）概述了成功实施系统的原则（Sheedy and Whitter，2009），将恢复导向的护理与服务系统定义为17个要素：（1）以人为本；（2）涵盖家庭和其他盟友的参与；（3）个性化、全方位的全生命周期服务；（4）扎根社区的系统；（5）护理的连续性；（6）合伙人—顾问关系；（7）基于优势；（8）文化响应；（9）对个人信仰系统的响应；（10）致力于同伴恢复支持服务；（11）综合服务；（12）系统教育培训；（13）囊括恢复个人及其家人的心声与经历；（14）持续监测和评估；（15）证据驱动；（16）基于研究；（17）资金充足且灵活支配。

该模型提出了一种新方法，将个人驱动的恢复方法与选择同自我决定的过程相联系。事实上，有一个首字母缩略词总结了在恢复程序运行中起作用的元素 – CHIME – 代表连通性、希望、身份、意义和赋权（Leamy et al.，2011）。这种方法是CHIME运转模型的核心，该模型将用于总结本书中的研究发现。尽管该模型是在心理健康恢复计划的背景下开发的，但它是一个很好的标尺，假定支持成瘾恢复的项目会带来积极的社会联系，培养一种恢复是可行的希望感，通过希望与改变形成良好的个人身份认同和社会身份认同，逐步建构起目的意识和意义感念，拥有自主抉择和赋权感。

在这一点上，我们将把重点转移到对停止犯罪的概括总结上。有关“停止犯罪”的文献来自不同的学术传统，但许多主题都是相同的，也存在同样的不足，即缺乏证据证明什么是有效的专业实践，以及如何配置矫治系统（特别是缓刑）以支持罪犯的持续改变。关键思想将在下一节中介绍，然后评论这些观点的相似与差异。

## 停止犯罪的定义、理论和依据

与恢复一样，关于“停止犯罪”定义的争论一直存在，并且人们达成越来越多的共识，认为停止犯罪应该被视为一个过程而不是一个状态。马鲁纳和法拉尔（Maruna and Farrall，2004）提出两个不同的阶段：第一个停止阶段是指与违法犯罪阶段割裂开来（进入违法犯罪隔离期）；第二个停止阶段是指逐渐过渡到一种不违法犯罪的状态、角色和身份中去。而麦克尼尔（McNeill，2014）引入了“第三个停止阶段”的概念来描述对社区的归属感，这种停止不仅需要身份的改变，还需要在（道德层面）社区内确认这种新身份 。这个概念将在以后围绕社区资本的讨论中进一步研究，但关键点是停止和恢复一样，这不是仅仅靠一己之力就可以做好的事，它要求其他参与者的合作，至少是默默支持，一些参与者与药物成瘾者直接关联，其他参与者则不然。这在麦克尼尔等人（McNeill et al.，2005: 16）的结论中进行了总结：

> 停止犯罪存在于个人成熟度的发展中，存在于某些生活转变相关的社会纽带动态变化之中，存在于犯罪者围绕这些关键事件和变化建立的个人主观叙事结构之中。重要的不仅是事件和变化，还包括这些事件和变化对于相关人员的意义。

## 关于停止犯罪的研究

起源于生命历程犯罪学传统和年龄——犯罪曲线。劳斯和沃德（Laws and Ward，2011：30）提供的证据显示，“从 7 岁至 17 岁左右，犯罪活动急剧增加，然后逐渐减少，直到大约 45 岁，最后开始降到零或接近于零犯罪”。他们假设这种转变是一个成熟化的过程，其中个人达到一定年龄阶段后停止犯罪，尽管这既不能解释为什么会发生这种情况，也不能解释为什么这些变化会存在个体差异。因此，与成瘾恢复不同，有关停止犯罪的假设认为，每个罪犯最终会停止犯罪，问题是为什么会发生这一现象，相关研究模型存在分歧，有的侧重个人能动性，有的侧重社会机制和社会结构。这是一个关乎年龄的讨论，个人的选择与决定在多大程度上可以塑造其行为，在多大程度上个人控制外的结构与过程因素（如法律、社会不公正度、金融不平衡度）影响一个人的行为。

一个重要的“结构”理论是桑普森和劳博（Sampson and Laub，1992，2003）提出的“非正式社会控制”模型。通过仔细审视围绕年龄—犯罪关系的背景因素，桑普森和劳博确定了停止犯罪的路径，包括稳定就业、确立恋爱关系和家庭关系，给予那些处于停止犯罪过渡期的人相应的社会地位。他们的研究生成了一种新方法，基于非正式社会控制、社会过程和社会纽带的中介效应。劳博和桑普森研究成果的重要意义在于其结论是停止犯罪并非与年龄本身有关，而是与生活转变相关联，而生活转变本身取决于更广泛的社会变量，例如社会地位的变化和不断丰富的生活经历。此外，在他们后来的著作中，桑普森和劳博（2003）使用了一种更偏向定性的数据研究方法，承认经验和个人对事件认识的重要作用。在回顾他们的生命历程模型时，劳博等人（2006：281－2）提出：“我们认识到社会环境和个人都受到结构和选择相互作用的影响……换句话说，我们总是嵌入在社会结构中。”

桑普森和劳博研究工作的价值在于将身份变化和个体能动性引入停止犯罪理论，而早期的停止犯罪理论（Paternoster and Bushway，2009）往往忽略这一点。这种更偏向心理学的方法在焦尔达诺（Giordano）和马鲁纳（Maruna）的研究中是显而易见的。焦尔达诺等人的符号互动主义方法强调了社会过程、社会互动和社会衍生情绪的重要性（Giordano et al.，2002）。重点聚焦“停止犯罪中的其他人”，主张个人不会单独停止犯罪。

焦尔达诺等人提出了一个由四部分组成的“认知转变理论”（2002：999－1002），其中重点是一个人如何抓住机遇或转变诱因（在认知上）去改变。对于焦尔达诺来说，基本上有四个阶段：第一，犯罪者对改变的开放态度的变化；第二，暴露于一个或多个转变因子中；第三，“替代自我”的发展机会；第四，罪犯看待自己和自身处境的方式转变。换言之，对于焦尔达诺来说，停止犯罪是一个涉及心理变化的过程，其可以抓住情境机遇，促进身份和幸福感的持续性变化，而身份在其中起着至关重要的作用。

停止犯罪理论领域的另一位重要专家是沙德·马鲁纳（Shadd Maruna）。在马鲁纳（2001）的利物浦戒毒研究中，基于对 50 名有犯罪前科的人或正在服刑的罪犯的采访，其中 30 人被归类为戒毒者，20 人被归类为累犯，出现了两种截然不同的模式。马鲁纳辩称，要停止犯罪，有犯罪前科的人需要发展一种连贯的、亲社会的身份，其特征是“救赎剧本”，而不是典型的惯犯叙事中的悲惨故事（“谴责剧本”）。马鲁纳在研究中强调了支持停止犯罪的罪犯自我叙述的重要性，即以关怀为导向和以他人为中心，而不是“仅仅”聚焦个人（及其亲密的社交网络）。成功的停止犯罪通常是通过参与社会中可见的生产活动来体现的：通过恢复赢得一种社会救赎；参与具体的亲社会活动，投身救赎活动或在其中发挥作用让改变身份的诉求合法化（Maruna，2012）。该模型重新引入了机构作为塑造变革的强大力量，可以将马鲁纳的工作视为互动主义者的代表，因为它也强调了社会经验和机会的重要性。

那么，停止犯罪的方法对干预有什么影响呢？这方面的研究非常有限，尤其在英国。雷克斯（Rex，1999）研究了英国缓刑期间的罪犯，突出了以信任为特征、以停止犯罪为中心的缓刑官与罪犯关系，强调了工作人员作为变革治疗剂的作用：作者报告说，大约一半的研究参与者与缓刑官建立了积极的关系，从而产生了信任感与责任感。同样，法拉尔（Farrall，2002）对 199 名缓刑犯的研究表明，停止犯罪与罪犯改变的动机紧密关联，停止犯罪与支持这些改变的个人网络和社会支持网络密切相关。尽管如此，法拉尔提示，无论缓刑犯还是矫正工作人员都认为成功因素通常超出了其工作关系的范畴，更多地与缓刑犯的动机以及就业和住房等社会和环境因素有关。出于这个原因，法拉尔主张将干预措施更多地针对社区进行，而不是专注于一对一的干预方法。

然而，关于构建什么途径支持停止犯罪的可持续进行，矫正领域内的相关系统研究极为稀少。因此，在停止犯罪和恢复健康这两个领域，开始逐渐涌现一些研究，围绕人们什么时候以及怎样实现停止犯罪和/或恢复，人们逐步认识到更广阔背景的重要性，然而针对改变的系统与服务构建的实证（甚至理论）研究也十分有限。下一节将阐释哪些因素使恢复的可能性变大或变小，并探讨其对停止犯罪的影响。

## 社会资本和恢复资本

社会资本模型有两个主要来源，一个是法国，另一个是美国。法国社会学家皮埃尔·布迪厄（Pierre Bourdieu，1985）认为，社交网络是一种宝贵的资产，互动、归属感以及随后逐步形成的信任和容忍关系是关键资源，对于一些缺乏金融资本从而导致获取资源受限的社区而言尤其如是。这里的社会资本包括丰富的社交网络、历史和文化，它们提供归属感和意义，并为个人和网络提供资源与支持。对于帕特南（Putnam，2000）而言，在美国的背景下，社会资本既是个人可以利用的资源，又是对集体的承诺，互惠是社会资本概念化的核心。换句话说，社会资本是一种约束—— 一种提供资源但也通过动态社会互动产生义务的社会联系形式。帕特南（Putnam，1995）还区分了“联结”资本（既定群体内部联系的强度）和“桥接”资本，后者指的是群体之间的联系和关联，帕特南的一个主要结论是处于边缘化社区的个人可以在他们的社交网络中建立牢固的联系，但如果没有与更多关联和参与的群体建立联系的桥梁，他们仍然很难获得社区资源。例如，对于参与帮派或吸毒的青少年来说，最大的难题可能不是社会孤立，而是他们深陷被排斥的群体中，缺乏与当地社区关联更密切的群体或资源之间建立联系的“桥梁”。德席尔瓦等人（De Silva et al.，2005）提出社会资本有五个组成部分：一是社区和个人网络的密度；二是公民参与；三是社区归属感；四是与同胞的互惠合作；五是对社区的信任。

此外，越来越多的证据表明，较高的社会资本与较低的药物滥用过量死亡率相关。在美国一项评估县级药物滥用过量率的研究中，较高的社会资本比率与药物滥用过量率呈负相关（Zoorob and Salemi，2017）。尽管作者承认社会资本（公民和非营利组织的密度；在总统选举中投票的成年人百分比；对人口普查的响应率；以及该县免税非营利组织的数量）衡量标准有其局限性，55% 的低死亡率县仍占最高社会资本的五分之二，不到 25% 的高死亡率县也是如此。持上述观点的人们认为，可能发挥作用的一项机制是，根据社会关系及其提供社会和物质资源的能力促进恢复。这项研究清楚地表明，社区中可用的联系对吸毒者等弱势群体的福祉（甚至生命际遇）具有重大影响。

此后，围绕社会资本这一概念的学术研究出现了爆炸式增长，而最新的一个概念是“恢复资本”（Granfield and Cloud，1999，2009），它基于社会资本的许多核心概念，格兰菲尔德（Granfield）和克劳德（Cloud）将其定义为“一个人在开始和维持停止药物滥用方面所获得的资源的总和”（Cloud and Granfield，2009：1972）。该模型为研究恢复资源的内部和人际层面以及所需的社区资源（Best and Laudet，2010）夯实了基础，并为尝试量化分析恢复健康及其进展奠定了基础（如 Groshkova et al.，2012）。贝斯特（Best）和洛代（Laudet）概括了恢复资本的三个关键组成部分。

第一，“个人恢复资本”是指个人拥有的个人技能、能力和资源。关键资源可能包括自尊、自我效能、沟通技能、应对技能和恢复力。

第二，“社会恢复资本”是指个人可以用来支持其恢复旅程的社会支持，但是，正如帕特南（Putnam，2000）所示，个人与这些积极网络的结合力是定义社会恢复资本的关键。如下文所述，此人还必须远离与药物滥用和相关生活方式有关联的社会团体和网络，这通常说起来容易做起来难，因为这可能涉及家庭成员、终身朋友等。

第三，“社区恢复资本”从两种意义上解析恢复的情境因素。从第一种意义上看，它是指有机会在社区内安全居住，可以参与社区活动，该社区为其提供培训和就业机会。第二种意义的社区恢复资本专门针对成瘾行为，指的是获得恢复支持的途径。这包括高质量和循证专家戒毒治疗，也包括可发挥作用的社区恢复支持小组，以及在专家治疗与有机会获得社区持续护理之间构筑可行和牢固的联系。在这种情况下，社区既可以提供威廉·怀特在本书前言中提到的恢复动力，也可以提供支持持续改变进程的社区资源。

贝斯特和德阿维斯（Best and DeAlwis，2017）得出的结论是，正如恢复通常是一个人会持续多年的过程一般，恢复资本的累积也是如此。丹尼斯等人（Dennis et al.，2014）认为，被视为从早期恢复向稳定恢复过渡的典型阶段的五年实际上是从依赖外部帮助向自我持续恢复的过渡，而这期间的大部分帮助来自社会和社区资本。贝斯特和德阿维斯为恢复资本增长提出了类似的理由，他们认为来自社会网络和更广泛的社区结构的支持是必不可少的，可视作早期恢复中个人的“脚手架”，为其提供空间和时间来提升内在素养，以推动自身的恢复。从这个意义上看，可将社会恢复资本视为建立个人技能和资源优势以支持持续稳定恢复的触发因素，但这实际上发生在一个可能支持也可能阻止个人恢复资本增长的社区中。

克劳德和格兰菲尔德（Cloud and Granfield，2009）拓展了关于恢复资本的争论，认为不仅存在资产和资源优势，而且存在为转变和恢复制造一系列障碍的“负恢复资本”。克劳德和格兰菲尔德确定了四个这样的障碍：证据表明，对于那些有心理健康问题史、因违法犯罪等多次卷入刑事司法官司的人、老年人以及更具争议性的女性来说，恢复过程更为艰难。

虽然将“负资产”概念化存在问题，尤其是在关注优势和积极因素的框架内，但女性的成瘾恢复和停止犯罪经历问题在这里很重要。为什么克劳德和格兰菲尔德认为女性身份会成为恢复的障碍？原因至少部分在于社会如何对成瘾做出反应——基于社会对女性药物滥用及其后果存在更多不满，女性比男性更可能面临排斥和污名化问题，在社会反应的背景下阐释“负恢复资本”这一概念是有价值的，因为在社会反应中，污名化和歧视很可能构成改变的重大障碍。

事实上，有关停止犯罪的文献中，麦克尼尔（McNeill，2014）引入了“第三个停止阶段”的概念来描述对社区的归属感，认为停止犯罪不仅需要身份认同的改变、社会网络及其对罪犯态度的改变，还需要在一个（道德层面）社区内获得新身份的确认。换言之，单靠主要行动者的努力是无法实现停止和恢复的。他们可以停止犯罪和药物滥用，也可以改变自己的社交网络和信仰体系，但只有外部合作伙伴（个人、团体和组织）才能通过接纳一个人的方式为其完全重新融入社会提供机会。正是在这一点上，恢复理念应当作为一种“社会契约”扎实嵌入社会正义的原则中。虽然许多人通过激励自己和扭转生活态度的方式以应对各种逆境，这本身确实很了不起，但现实情况是，稳定和可持续的重新融入不是个人的决定或选择，而是一个复杂的过程，涉及做出这些改变的人、他们的家人、朋友和邻居。这还涉及大学招生官、潜在雇主和负责住房事宜的官员，他们可以提供希望，也可以制造障碍。当然，这不仅是个别官员的决定，还会反映立法、政策、文化和其他结构性因素，但它仍然是社会传染模式的核心，这种传染不仅限于那些正在尝试开启恢复之旅的人和成功恢复的人。这是一个社区参与过程，我们接下来转向社区，了解社区参与过程如何影响这些“结构性”因素。

## 社区资本和基于资产的社区发展

我在这里介绍的第一项杰出研究工作是弗雷明翰心脏研究，《互联》

（Christakis and Fowler，2009）一书对它进行了总结。这本书总结了一系列公共卫生研究，追踪调查了来自美国某城市的一群成年人，研究了他们在一段时期内的一系列健康状况（如心脏病）的发展变化、公共卫生问题（如酗酒和吸烟）、更广泛的生活方式问题（如离婚），以及什么可以预测这些人类经历的变化。该书作者分析了来自重复时间点的健康筛查、深度健康评估和社交网络评估的数据，以评估社交网络对各种行为的影响，结果令人震惊：著名的《新英格兰医学杂志》上发表了一篇关于肥胖症的论文，研究发现心脏病和肥胖症等健康状况有着明显的社会影响。

《互联》作者表明，社交亲近度而非地理位置的邻近性可以预测风险增长或保护增强（取决于被评估的行为）。如果您的朋友变得肥胖，那么您在下一次调查中变得肥胖的可能性会急剧增加，同样的影响在不同程度上适用于各种行为。这些行为包括离婚，据报道有类似的传染效应，这清楚地表明社会传染不需要潜在的生物学因素。克里斯塔基斯和福勒（Christakis and Fowler，2009）的研究表明，不仅肥胖和酗酒等"消极"行为会通过社会传染效应传播，戒烟等积极行为也可以。虽然亲密关系的传染效应更强，但社会传染的"涟漪"效应更为普遍，因此在高达三个分离度的情况下会产生显著影响。换句话说，行为不仅通过朋友传染，而且通过朋友的朋友传染，甚至通过朋友的朋友的朋友传染。

为什么这在恢复健康和停止犯罪的书中很重要？弗雷明翰心脏病研究表明，社交网络可以塑造行为，积极和消极行为都可以通过这种方式扩散，而且这种变化是多种社会影响的持续动态过程。要做到这一点，人们必须在社会上接触这种行为。换句话说，如果吃蔬菜或骑自行车等健康行为只在中产阶级中传播，那么公共卫生福利将不会惠及最弱势群体。这也是为什么必须确保让所有社区成员尽可能都得到社区参与和归属感拥护者支持。所有这一切都只可能发生在相互关联的人身上，因此他们容易受到通过网络传播的传染效应的影响。

接下来我们进入学术拼图的最后一部分，即基于资产的社区发展

（ABCD），我们的目标是在一个包容性社区的背景下构建这个模型，该社区的资产将提供给弱势群体和被排斥群体，以改善这些社区，并制定社会正义和公平原则。ABCD（Kretzmann and McKnight，1993）是一个基于优势的模型，旨在发掘并调用即便是最贫困社区也存在的本地资源——促成事情达成的人；提供自豪感和使命感的非正式团体和协会；社区中可用的物质资源和资产，如可提供会议场所和各种其他资源的教堂、图书馆和学校。在许多方面，ABCD 中确定的资产是社区资本，该模型的目的是调动这些资产以促进社区参与并改善相关福祉。

克雷茨曼和麦克奈特（Kretzmann and McKnight，1993）开始质疑需要专业人员解决社区问题的模式。他们担心，通过引入更多的专业人员来解决社区问题，这些专业人员会让问题复杂化，到他们离开时社区资源会变得更加枯竭，并且他们与所工作的社区几乎没有或根本没有个人利害关系。ABCD 模式实质上是试图整合当地资源，并调动这些资源造福社区。然而，正如麦克奈特和布洛克（McKnight and Block，2010）所示，资产的识别只是一个起点，还需要一个被称作社区连接者的关键群体来调动已识别的资产。这种模式在英国的社区发展和恢复项目中拥有相当大的吸引力，尽管研究证据基础仍然有限，并且有人担心这只是一种廉价的选择，专业人员的工作被同伴和社区的工作取代。还有一个值得关切的是，这意味着弱势群体只是在消耗社区的资源，而这些资源可能会迅速耗尽。

因此，澳大利亚东部救世军分部在 ABCD 理念的基础上开发并试行了“互惠社区发展”模式，明确强调社区建设是该模式的核心部分（Best et al.，2014a）。这是一项由位于澳大利亚中部海岸的两个治疗社区（TC）发起的倡议，旨在创建“不设围墙的社区”，使当地社区能够利用 TC 的可用资源，并使 TC 的居民通过积极参与当地社区活动来建立社区联系和桥接社会资本，而不是在治疗环境中与世隔绝。目标显然是双赢的——让 TC（工作人员、志愿者和居民）为当地社区的福祉和凝聚力做出贡献，并在此过程中使 TC 居民的恢复之旅从中受益。如第二章所述，由于老街坊和工作人员充当社区连接者，居民与当地社区建立了更牢固的联系，这也为其在社区中拓展社交网络和提升技能提供了更清晰的路径。目的是为社区创造利益，并惠及矫治对象，从而形成一个更强大、联系更紧密的社区，让弱势群体更广泛地参与进来。

总体而言，如本书所述，ABCD 模型的目的是调动社区资本，使那些在恢复早期没有关系或资源提供所需支持和援助的人能够利用上社区资本。关于如何融入本书中所考察和总结的整体模型，将在下一节进行总结。

## 结论：希望传染的综合模型

越来越多的研究支持这一观点，即恢复和停止的途径都是复杂的过程，需要数年才能完成，这个过程不仅需要巨大的个人努力和动力，还需要各种各样的其他人的支持和参与。恢复的外部合作伙伴不仅包括家人和朋友、合作伙伴和邻居，而且包括更加多样化和不那么引人注目的专业人员群体，以及这些专业人员所代表的组织机构和价值观，这就是为什么恢复和停止理论不仅涉及社会网络，还涉及更广泛的社会结构。

然而，实现稳定的停止和恢复可能需要很多年（对一些人来说需要多次尝试），光有动力和承诺是不够的。正如丹尼斯和同事（2014）所说，稳定恢复的时间约为五年，其特点是从最初几个月需要外部支持过渡到五年左右的清醒期过后自决和自我维持的恢复。本书中的假设遵循该时间线，因为对于大多数因成瘾、犯罪或其他原因卷入刑事司法而被边缘化和被排斥的人来说，培养应对技能、恢复力技能、自尊和自我效能感是一个漫长而缓慢的过程，目的是逐步发展应对生活挑战所必需的自我决定和应对逆境的能力。

也有可能在他们犯罪或吸毒的生涯中，大多数罪犯和吸毒者要么从未获得过多少积极的社会或社区资本，要么即将耗尽那些本可以支持他们恢复道路的人的善意与支持。此外，随着成瘾和犯罪成为可选择的生活方式，他们的社交网络将越来越多地被边缘化和被排斥的人占据。因此，对于任何旨在支持恢复的模型或系统而言，主要挑战便是如何确保停止和恢复是一个足够有吸引力的选择，这样个人才会参与并积极做出努力进行改变，才可能获得维持这种改变所需的支持和机会。

在这方面，解决方案可能在于恢复资本这一概念，特别是恢复资本各组成部分之间的动态关系，这本书是基于建立可持续的个人资本这个假设，其中必然涉及强大的社会资本，并通过这种资本形式获得当地社区的资源和机会。正如韦弗（Weaver，2016）所说，这是一个动态的过程，在这个过程中，人必须将机会视为真实和有意义的，并通过反思过程将自己视为一个与过往不同的人，与他们的社交网络和社区构建不同的关系，并确立与他们解决问题和应对生活挑战能力相关的一套不同的价值观和信念。

这本书重点聚焦一个非常实际的问题：我们可以从一些社区设法调动资源支持药物滥用者和罪犯重新融入社会中学到什么。这本书试图解决的关键问题是：哪些类型的资源是潜在可用的，如何调动这些资源，以及什么样的人能够成为有效的社区连接者（他们需要什么样的支持来实现这一点）。

特别是从恢复证据库中我们了解到，人们通常需要五年左右才能实现自我维持的稳定的恢复（Betty Ford Institute Consensus Group，2007；Dennis et al.，2014）。这意味着存在一个五年的窗口期，在没有外部支持的情况下，恢复者通常没有个人恢复资本来维持自己的恢复。尽管正如我们在英国和澳大利亚开展的各种生活恢复研究所示（Best，2015；Best et al.，2015a），在此期间所需的支持水平可能也会下降。我们还了解到，他们往往不能在早期恢复的过程中获取所需的社交网络，而社交网络支持下的过渡是必要的，可以提供必要的指导和动力（Best et al.，2016；Longabaugh et al.，2010）。

因此，接下来的章节介绍的是我有幸参与的一系列试点项目，这些项目测试了该模型的核心内容，试图识别、调动和协调社区资源，并利用这些资源，通过获取社会和社区恢复资本，帮助罪犯和药物滥用者重新融入社会。这里介绍的案例绝非独一无二，但它们代表了我的个人探索之旅，充满了兴奋、希望和灵感，体现了当地社区支持弱势和边缘化群体并使其重新融入社会的力量与潜力。这是一个基于优势的模型，该模型具有三个主要目标：

· 改善矫治对象的福祉和联系；

· 改善连接者或工作人员的福祉和连通性；

· 提高项目所在社区的凝聚力和连通性。

本书介绍的所有项目的积极意义在一定程度上是显而易见的，它们不仅催生了恢复的传染，也引发了希望的传染，影响了所有在这一过程中有重大利害关系的人。它们代表着专业人士和同伴之间的联盟；在每个社区的不同利益相关者之间建立联系，并通过这样做产生新的联系和新的社区资源。这种工作模式需要进行更多的研究和评估，但其过程本身具有生成性、创造性和积极性价值，这将通过即将讨论的丰富案例予以证明。

## 本章重点

· 恢复和停止犯罪有许多共同特征：它们是随着时间推移而出现的过程，涉及社会网络的变化和社区层面重新融入社会的机会。

· 恢复和停止犯罪通常都涉及身份认同的改变，以及希望、联系、意义和赋权感。

· 恢复进程伊始，许多人缺乏支持性的社会网络和获取社区资源的渠道，要么经历了被边缘化或被排斥的过程，要么是基于药物滥用和犯罪所致。

· 在社区中包含着许多不同的资源和资产，但基于各种原因，许多资源和资产在恢复或停止早期无法供人们使用。

· ABCD 是一个识别、调动和整合社区资源的模型，可通过创建社区连接者的支持路径作为重返社会工作的一部分加以应用。

· 本书的总体目标是证明社区参与是支持试图重新融入社区的人长期稳定地重返社会的关键战略。

# 第二章　澳大利亚起源：建立桥梁和社区联系

本章的目的是通过两个澳大利亚案例的研究，探讨社区参与对停止犯罪和恢复的影响。这些案例研究揭示了社区中存在的资产范围，以及调动这些资源支持被排斥群体和弱势群体重返社会的多种方法。作为个人探索研究的一部分，这两个截然不同的案例激励我在这一领域开展更多工作，让我认识到社区参与和社区发展对于建立可持续的重返社会平台和恢复平台至关重要。在简要概述 ABCD 原则及其对社区影响的文献后，本章将介绍两个案例研究，并探讨其对研究方法和基本概念模型的启示意义。

## 简介：恢复和治疗领域的资产

在英国，颇具影响力的《旱獭评论》（Marmot et al.，2010）认为，为了解决健康资源不平等问题，满足弱势群体和被排斥群体的需求，应该更加支持并重视可持续性和包容性社区的增长与发展。弗罗拉（Flora，2013）同样使用了资本的概念，提出成功支持健康和可持续发展社区的"七种资本模式"。他们建议，成功实现健康和可持续发展的社区，应聚焦自然资本（如获得绿色空间）；文化资本（丰富的当地传统和活动）；人力资本（如技能和教育）；社会资本（不仅实现资本间互联，而且为新群体和其他阶层——包括专业群体——构筑桥梁）；政治资本（在参与决策方面）；金融资本（作为传统经济资源）和建设资本（包括康乐设施和物质资源）。该模型支持资产具有流通性的理念，但它是一种在启动和动态发展中充满复杂性的流通。

ABCD 模型（Kretzmann and McKnight，1993）为社区发展提供了一种高度务实和颇具吸引力的方法，假设当地社区中最重要的资源是其居民、非正式团体和正式组织，所有这些都代表着社区（和文化）资本。克雷茨曼（Kretzmann）和麦克奈特（McKnight）的模型依赖于释放社区内个人的能力，该假设基于每个人都有能力和天赋，ABCD 进程中的关键任务是利用社区中的人力和文化资源释放这些能力。因此，他们认为“每当一个人使用他或她的能力时，社区就会更强大，这个人也会更强大。这就是为什么强大的社区根本上是识别、评价和应用当地居民能力的地方”（Kretzmann and McKnight，1993：13）。他们认为，ABCD 作为一种基于优势的方法，其有效性的关键在于它将矫治对象的缺陷和需求转化为能力与天赋。

因此，克雷茨曼和麦克奈特（Kretzmann and McKnight，1993）将其模型的基础视为一个基本方法构建块，即居民能力初始创建清单。他们在该领域撰写的开创性文章（由内而外构建社区，1993）有效指引了如何衡量和调动社区资产。他们认为，一旦确认了资产，第二个关键任务就是在社区资产之间建立牢固的关系。其基本模型基于这样一个假设：每当当地居民为了解决问题而变得更紧密时，社区就会变得更强大，特别是当这些联系涉及以前被排斥的个人和群体时。除了确认资产和建立联系的各个阶段外，ABCD 模型的一个主要目标是基于两个目的调动社区资产——经济发展和信息共享。值得注意的是，尽管作者关注社区自治，但他们确实涉及了一个步骤，即利用外部资源支持本地驱动发展。这一点至关重要，因为该模式不仅涉及社区自治，还涉及建立支持社区发展的伙伴关系，包括构建与外部和专业机构的伙伴关系。本书重点聚焦下述理念，即专业人士、社区和边缘化群体为共同利益而团结协作，会使社区滋生更多的资产和资源。

虽然最初的任务是识别确定资产和建立合作伙伴关系，但这个过程中还涉及另一个人力因素，包括识别和吸引能够支持这一过程的个人。这些人被称为“社区连接者”，是同一群体内进一步推进工作的焦点。麦克奈特和布洛克（McKnight and Block，2010）认为，建立综合性和支持性社区取决于“更多的个人联系和更多的协会联系”（McKnight and Block，2010: 132），这反过来又取决于确定哪些人有能力与我们社区中的其他人建立联系。他们实际上是社区内活动和希望的传染者，在联系模型中他们的积极参与对希望传染的可能性和速度都至关重要。

约翰·麦克奈特（John McKnight，1995）确定了社区连接者的两个核心特征。第一个特征是他们具有识别资产的能力：他们“独具慧眼，可以发现那些被称为‘具有特殊需要’群体身上的天赋、潜力、兴趣、技能、乐观和能量。专注于这些优势，社区连接者将‘具有特殊需要’群体引入社区生活”（McKnight，1995: 120）。还有第二个特征，“大多数（如果不是全部）发挥作用的社区连接者的第二个特征是，他们在社区生活的互动关系中保持着良好的联系”（McKnight，1995: 120）。换言之，连接者是有远见的人，可以看到潜能和积极因素，并且能够通过他们的连接调动这些资产。

尽管这是一个关于社区和过程的模型，但它本质上是一种社会方法，它非常信任和强调个人的作用与价值，重视个人为社区利益而采取行动和参与活动的能力与意愿。麦克奈特和布洛克（McKnight and Block，2010）将这类人称为社区连接者，他们认为，为了打造更具接受度和整合性的社区，“我们希望让更多具有这种连接能力的人出现。我们还希望鼓励我们每个人在自己身上发现这种连接的可能性”（McKnight and Block，2010：132）。这项工作的关键点是，该项目的目的是既给被边缘化和被排斥的人提供参与提升恢复资本的机会，又在此过程中为社区建设资源和资产。因此，我们的计划是为恢复创造一个治疗景观，在这个景观中，地点是恢复资本之社区资本组成部分的核心。

“治疗景观”的概念可描述为“与治疗或恢复相关，包含身体、心理和社会环境在内不断变化的地点、背景、情境、场所和环境”（Williams，1999: 2）。这已应用于酒精和毒品成瘾的恢复，同时强调了恢复过程中环境的重要性。韦尔顿和德维图尔（Welton and Devituil，2006）将加利福尼亚圣佩德罗的一系列酒精和毒品成瘾治疗活动描述为“恢复景观”，因为它是促进恢复的空间和活动的基础。匿名戒酒协会（Alcoholics Anongmous，AA）项目旨在为圣佩德罗的恢复者提供持续支持，同时开展促进恢复的公共行动。在圣佩德罗，所有的恢复者在每年的某一天都穿上红衫，并举行一次公众恢复集会，每次大概 300 人参加恢复庆祝活动。这对刻板印象和污名发起挑战，因为“项目倡导者将自己和他们的项目定位在同其他不努力达成职责要求和效能标准的群体相对立的位置”（Wilton and Deverteil，2006: 659）。此外，每年都有一天，镇上的每个人都会穿上蓝色 T 恤衫，表示他们对恢复运动的声援，还会举办一系列活动，宣布并庆祝个人所取得的恢复成效，同时庆贺城镇在拥护和支持恢复途径方面发挥的积极作用。通过这些做法，污名和排斥受到挑战，通过庆祝成功和高度关注恢复取得的成效，希望得到传播。

## 本章两个案例研究概述

下面的两个案例研究展现了上述过程如何在实践中发挥作用。这两项研究均是随机的，都建立在投身于合作伙伴关系、矫治对象福祉和社区参与的个人或相关活动的基础上。换言之，已经对 ABCD 模型相关的一些价值理念进行了实践应用。事实上，后一个案例试图通过引入一个明确的变量来拓展这个模型，该变量特别关注互惠、“回馈”和体现公民身份的理念力量。

### 一、丹德农地方法院和解决有关药物滥用重新犯罪问题的 ABCD 模型

第一个案例研究专门聚焦于刑事司法系统和因轻微犯罪而被捕的年轻

人长期存在的问题。基于治疗法学模型（Wexler，1999），当我在“转折点”（维多利亚州的一个酒精、毒品和行为成瘾研究与治疗中心）工作时，丹德农（维多利亚州墨尔本的一个远郊地区，贫困程度很高）法院的两名治安法官与我合作，为有药物滥用史正在服刑的罪犯开发一个给予其持续关怀与帮助的模型。最初触及此项研究的原因是担心这群惯犯，他们似乎不受传统刑罚和矫正方式的影响，因此想要为这群触犯法律的年轻药物滥用者确定更富想象力的替代选择。

该倡议的基本原理是试行一个项目，通过提供替代活动实现从刑事司法系统的转移，从而为罪犯带来希望，创造从药物滥用和犯罪到持续性改变的可能性。要做到这一点，就要确定当地社区的资产，采用主动联系的方法创建获取这些资产的可行途径。其中，当地社区是项目成功的关键利益相关者。

社区联系项目的目的是确定适当的社区连接者，以建立通向社区资产的桥梁，该主体主要来自三个群体：社区中药物成瘾者、从事相关工作的专业人士和社区的其他成员——他们都拥有一定的技能和能力，能够充当罪犯和社区团体（如匿名戒酒协会、体育俱乐部和其他团体）之间的“桥梁”。

这种方法以基于资产的社区发展模型为基础，该模型试图利用社区中已有的优势和资源来实现可持续性变革。在这种情况下，我们所指的变化包括：（1）在个人层面上支持罪犯自身在药物滥用和犯罪行为方面的变化；（2）促进欢迎和支持恢复的社区发展，而不是构建污名化和边缘化药物滥用者和罪犯的社区。最后一部分是项目的核心，本书中介绍的模型都是基于社区联系必须是正和博弈的思想。这意味着，从中长期来看，必须有利于社区和个人。本书探讨了社会正义的基本概念，旨在包容和挑战污名化的基础上推动社区发展和构建社区联系。

### （一）背景与构思

丹德农是澳大利亚维多利亚州墨尔本东南30公里的郊区。大丹德农地区的人口刚刚超过 13.5 万，其在海外出生的人口比例相比于维多利亚州和澳大利亚的平均水平要更高（Australian Bureau of Statistics，2013）。与维多利亚州和全国平均水平相比，大丹德农地区的失业率较高，收入中位数较低（Australian Bureau of Statistics，2013），犯罪率高于维多利亚州平均水平（Community Indicators Victoria，2013）。它还是一个种族众多和文化颇具多样性的地区，人口迁移率高，因此对社区成员的自我认同提出了挑战。

由于该倡议由法院提出，其目的是评估目标群体的特征以及他们可以联系到的资源。最初的试点工作涉及研究团队的成员在丹德农地区绘制社区团体图谱，并在此过程中进行的一系列法庭观察工作。此项研究调查了我们能否确定哪些罪犯可能从社区联系项目中受益，探讨了社区中是否有足够的群体可以将罪犯联系起来。这一切都是以探索和迭代的方式完成的，以使既定方法适应当地环境，从而我们能够把握住当地机遇。初始阶段还涉及在当地社区内激发人们对该项目的兴趣和参与热情。

此项研究的关键起点是作为项目推动者的两位地方法官——格雷格（Greg）和波林（Pauline）。从本质上讲，他们对累犯重新融入社会的责任感和对重生潜力的信念实际上是我们调动的第一笔资产。他们成了项目团队不可或缺的成员，同时他们还可以用其他两种方式提供帮助。首先，他们在有形资产中扮演高级角色——作为法院系统中的法官，他们能够征用部分建筑作为该项目运行的一部分。丹德农地方法院已被用作当地服务和相关机构的“活动场所”，这有助于营造一种感觉，即法院大楼作为一种社区公共资源，可用于开展系列活动，它代表着为该项目提供了一个真实可见的活动场域。因此，这个模式的一个成功之处在于，通过在地方法院举办下午茶活动，将当地利益相关者和潜在的社区连接者聚集在一起，法院大楼本身也被改造成开设会议和传播希望的场所。这调动了一项资产，该资产先前与项目目标群体的负面经历有关。

其次，我们的两位地方法官都在那里工作了一段时间，在当地社区都是知名人士和受尊敬的人物。因此，建立连接者网络的起点是从他们开始的：他们的工作所在地，加上他们对项目的奉献精神，意味着他们是我们最初的拥护者，他们的精力和热情不仅是希望的社会传染的起点，也是在社会中传播积极参与和参与热情的起点。项目团队很快了解到，这些是开发和调动社区资源的关键资产。

同样值得注意的是，我们这样做其实脱离了克雷茨曼（Kretzmann）和麦克奈特（McKnight）总结的ABCD原始模型。两位地方法官都不住在该地区（两人都被归类为“专业人士”），但他们都高度致力于矫治对象群体的服务工作，他们信守专业人士、社区成员和社区团体之间的合作理念。本书中阐述的资产参与模型的核心是这样一个概念，即需要在一系列专业人士和一系列社区利益相关者之间建立一个平衡的联盟，尽管双方都不一定能实现自己的权利。从本质上讲，我们建议与弱势群体合作的是一个四点联盟：一是目标弱势群体；二是他们的家人、伴侣和朋友；三是专业人员和服务；四是当地社区其他成员的多元化群体。

这些群体的共享技能和资源带来了不同形式的社会和社区资本（Best and Laudet，2010），这些资本可以创造更广泛的技能和能力，为边缘化和被排斥的人群创设获得支持和学习的机会。然而，融入专业群体的另一个关键原因是最大限度地增加开放性和可获得的机遇之门的数量，以支持恢复路径和恢复之旅。

### （二）初步调查结果：矫治对象群体的适用性

研究团队的一名成员完成了公开法庭诉讼的观察工作，记录了药物滥用的相关情况，通过这种方式确定该项目潜在参与者。这包括在四个不同的日期从公众席上旁听法庭诉讼程序，收集关于罪犯特征的数据，特别是在有明确迹象表明存在药物滥用问题的情况下多次出庭。所观察的法庭程序包括保释和保释审查听证会、司法监督、缓刑和违反秩序听证会以及认罪听证会。在所观察的68起案件中，超过四分之一（n＝19，27.9%）的案件涉及了药物滥用，其中酒精、苯丙胺类兴奋剂和大麻是最常提及的药物。

在大多数情况下，药物滥用被认为是引发犯罪的主要潜在因素。这意味着丹德农地方法院大约四分之一的案件可能受益于拟议的社区联系方案，这表明了该研究项目的可行性。在涉及药物滥用的法庭听证中，有11人（除1人外）是男性，平均年龄为36岁（标准差=10.4），都有犯罪前科。他们以前接受的所有刑事司法干预举措都没能阻止其进一步犯罪，这增强了创新对策的必要性，以及制定新干预措施为罪犯持续改变提供机会的必要性。

虽然55.6%（n=10）的人目前正在进行某种形式的治疗，但不到一半的案件（n=8，42.1%）提到了过去使用过药物滥用治疗服务，在72.2%（n=13）的案件中，治安法官提出了治疗建议。这表明，仅靠专业成瘾治疗还不足以满足他们持续的需求，正如治安法官所建议的那样，需要某种额外形式的支持来打破药物滥用和犯罪的循环。

丹德农地方法院对治疗法学模型的关注也体现在量刑/建议中，其中最常见的结果是社区矫正令（50%），其次是保释（12.5%）和缓刑（12.5%）。在涉及药物滥用的19个案例中，只有一个案例中有家庭成员或朋友参与其中，这表明这一犯罪群体可能缺乏直接的社会资本，他们可能会从社区团体的参与中受益，这进一步支持了连接性干预所基于的理据和前提。

### （三）可获得和可利用的社区资产

确定了社区联系的必要性以及当地社会网络中缺乏足够的社会支持后，我们的下一项任务是绘制丹德农地区的社区资产图，从而了解可能与罪犯存在联系的社区群体。丹德农有许多正规的医疗与社会福利服务，案件管理人员已经与因违法犯罪行为卷入刑事司法系统的人员合作，为他们获得这些服务提供便利。虽然医疗和福利服务很重要（事实上属于社区资产），但他们并非总能助力罪犯参与更广泛的社区活动或是帮助他们与非正式的团体取得联系获得支持。因此，我们感兴趣的是绘制社区中由同伴领导的非正式团体的图谱，以便他们可以嵌入专业服务并在其中进行协调。

为此，我们搜索了在线社区目录，访谈了丹德农的地方法官，追踪了最初得到的线索。我们确定了丹德农的 97 个非正式社区团体及其类型和活动范围，如图 2.1 所示。

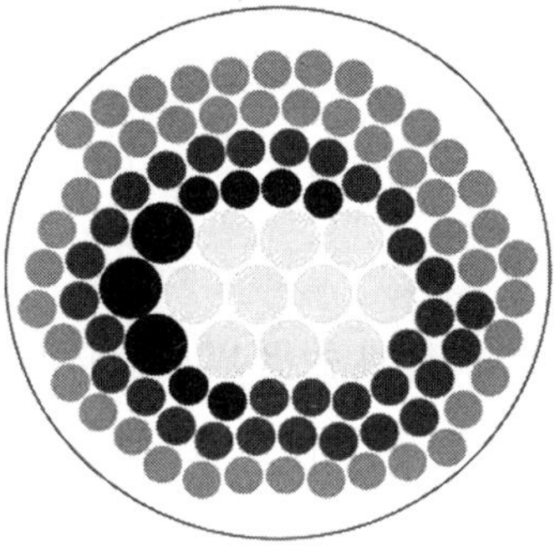


**图 2.1　丹德农的 97 个非正式社区团体及其类型和活动范围**

确定的大多数团体为体育俱乐部（47.4%，n = 46）或娱乐团体（33.0%，n = 32），如钓鱼俱乐部和社区乐队。培训和支助型团体活动通常附属于正规服务，包括社区园艺、烹饪、计算机、艺术和手工艺及其他类似活动的定期团体规划，占团体活动总数的 9.3%（n = 9）。重要的是，社区中还确定了 10 个（10.3%）成瘾恢复组。这些组织为有药物滥用和心理健康问题的人提供同伴支持和帮助服务，其中包括匿名戒酒协会和 SMART 恢复团体（一个基于认知行为治疗原则的互助团体，在同伴互助基础上运行，没有成瘾专业人员参与）。

恢复团体对目前或以前因触犯法律受到刑事司法系统控制的人可能最有经验，也最欢迎他们。最初，这些团体可能是社区联系的理想目标，确实有文献研究涉及与恢复团体建立固定联系（如 Manning et al.，2012），但他们可能不足以满足所有个人和恢复过程的所有阶段。随着人们的信心、社交网络和不同参与群体的能力的增强，丹德农有大量非恢复性特定团体可供利用。这项工作的初始阶段是确定适当的团体，然后研究如何管理与这些团体之间的有效联系，目标是满足矫治对象广泛的、全方位的需求与利益。

因此，在图中，点的大小与该团体为满足药物滥用者需求而设计的特定性程度有关，点的颜色表示该团体所在的领域或区域——他们与丹德农团体的地理空间地图无关。这些团体也是结构化团体的混合体，有些与专业服务有关，还有非正式的社区团体和协会，它们更本地化，由志愿者和社区成员管理。

该项目的下一步是确定和招募社区连接者，他们的工作是建立这种联系，一方面充当法院与犯罪者之间的桥梁，另一方面充当社区团体之间的桥梁。连接者小组由专业人士、恢复同伴和当地社区成员组成，由协调委员会监督，类似于我之前在英国约克郡巴恩斯利恢复社区使用的流程（Best et al.，2013）[①]。

然而，我们在研究推进的关键节点遇到了该项目的资源问题——参与该项目的学生完成了他的实习工作，我们无法获得额外的研究资金来雇佣他人继续这份工作，也无法为地方法院的培训计划提供资金。项目团队继续支持我们的两位地方法官格雷格和波林，但从这时开始，该项目变成非正式管理模式，没有专项研究经费支持。因此，在现阶段，我们将把重点转移到第二项倡议，它在新南威尔士州中部海岸的一个治疗社区与救世军合作开展，正如他们在澳大利亚通常所说的“齐射”（the Salvos）。

从丹德农项目中汲取的主要经验是，在一个项目中创设社区参与的可能性，让几乎没有资源的边缘化青年在极短的时间内参与进来。不利的一面是，这意味着该倡议几乎没有可持续性，而建立持续性机制将是向前迈进的重要一步。丹德农项目并未就此结束，但最初的推动力并未持续下去，这对社区信任和持续参与产生了一定影响，前景堪忧，其他项目的后

① 在这项倡议中，该项目创建了一个可持续的恢复连接者团体，团体成员不同的背景与经验促成了充满活力和切实可行的互助协作。

续研究将对此进行探讨。

## 二、接力棒：多拉隆与互惠社区发展

### （一）项目简介与理论依据

与丹德农复杂的城市流动性和贫困形成对比的是，多拉隆地处田园诗般的环境。该地由澳大利亚昆士兰救世军运营，在农村环境中提供110个床位可居住型恢复服务，为具有根深蒂固的药物滥用史的药物滥用者（其中许多人有共同的犯罪史和心理健康史）提供治疗性社区干预（DeLeon，2000）。多拉隆过渡中心位于一个占地350英亩的大庄园内，在我们的项目启动前不久开始运营，提供诸多运动机会，开展丰富的治疗活动，一定程度上体现了澳大利亚救世军服务从成瘾治疗向恢复导向的过渡。

过渡中心不仅是恢复活动的中心，还是一项社区资产，其场地内包括一个大型湖泊、马厩和马匹，同时涵盖一系列运动和休闲项目。这样的中心从资产动员模式转变为资产提供模式，因此可以更恰当地称为互惠社区发展模式，其目的不仅是帮助中心的矫治对象联系到现有的社区连接者和获取社区资源，而且确保该中心、中心员工和矫治对象承担起向更广泛的社区提供资产的角色，并在参与和改善社区生活方面发挥积极作用。尽管多拉隆环境优美，但它与世隔绝，农村贫困人口众多，该中心的管理人员预见到开发一种替代方法来提供治疗社区的可能性，他们称为“不设围墙的治疗社区”（Best et al.，2014c）。

利用该中心、中心工作人员和居民作为社区资产不仅是资产开发的一部分，也是在治疗中心和社区之间建立亲近与互联的一种尝试，并通过这样做挑战歧视性做法和观念。这是我开始形成桥梁概念的第一个项目，桥梁是将一个环境中的资产与嵌入其中的更广泛社区联系起来的关键。其核心理念来自过渡中心临床服务总监杰拉德·伯恩（Gerard Byrne）的决策，即救世军将采用“不设围墙”的方式管理和经营这个中心，并且他们将成为其所在社区的积极元素和贡献力量。

多拉隆试点项目的明确目标是与救世军建立伙伴关系，从而确定过渡中心内部的社区连接者，并利用这一初始群体让更广泛的社区群体参与到恢复导向的活动中，包括反对污名化和歧视相关的活动。其目的是试图从一种内向型恢复模式转变为一种更积极的社区参与模式，并试图创造更多的桥接资本来补充居民之间现有的联结资本（Putnam，2000）。换言之，虽然过渡中心的矫治对象与其他居民和工作人员之间建立了牢固的关系，但对他们重返社区至关重要的外部纽带的重视程度要低得多。所有过渡中心的矫治对象在居住期结束时都要面临一个“重返社会”阶段，但并不清楚这在支持长期重返社会方面的效果如何。

改进多拉隆项目中使用的社区连接，主要基于下述四个连接概念：

- “恢复资本”：个人可用于支持其恢复过程的个人、社会和社区资源的总和。此项工作基于恢复资本具有流动性——它可以增长，但也可以耗尽，假设成瘾与资本的减少有关，而恢复与资本的增长有关。

- “主动联系”：虽然过去主要用于矫治对象与匿名戒酒协会团体的联系，但这里应用的理念是构筑矫治对象同其他社区资源的联系，包括体育和娱乐活动、教育和培训、同伴活动和志愿服务。主动联系适用于支持性和参与性干预技术，从而积极构筑被排斥人群同其所在社区的资源和资产之间的联系。

- “同伴持续参与”：基于这样一种理念，即建立一个不断壮大的同伴拥护社区，提高社区恢复的可行性，并通过同伴持续参与和相关活动优化社区。同伴被视为社区联盟的重要组成部分，也是有成瘾（或犯罪）史的人参与过程的核心。

- “基于资产的社区发展”：社区拥有可利用和可获得的优势与资源，以支持恢复路径和恢复旅程，利用好这些资源对于通过过渡举措为人们回归社区搭建桥梁而言至关重要。

与连接模型中的所有项目一样，多拉隆项目的目的是，整合一些重要研究和理论立场，形成协调统一的方法，支持和吸引弱势群体和被排斥群体。其中唯一一个没有展开深入讨论的是主动联系模型，现在将对其进行阐释。蒂姆科及其同事（Timko et al.，2006）早些时候在美国开展的工作表明，被多次推介且联系到互助团体的人，无论是从短期还是长期来看，具有更好的矫治成效。随后，我便参与了在英国践行该项目的工作。

在维多利亚·曼宁博士（Dr. Victoria Manning）主持的一项随机试验中，153 名连续入住南伦敦精神病医院急诊病房的患者被随机分为三种情形。第一种情形是，他们收到一份传单，上面提供了有关医院周围互助团体的信息。第二种情形是，负责为患者预约并进行初步评估的医生建议他们在计划的 10 天住院期间至少参加一次匿名戒酒协会、匿名麻醉品戒除互助会（NA）或匿名可卡因戒除互助会（CA）会议。第三种情形是，来自其中一个团体的一名同伴前来给患者介绍该团体，提议带他们参加会议，然后一起喝咖啡讨论会议后续动向。

虽然在传单和医生条件下的接受率相对较低，但在同伴（主动联系）条件下，有三个重要发现。第一，这些患者如预期的那样在病房里参加了更多的会议；第二，他们在出院后三个月内参加了更多的 12 步会议；第三，他们报告出院后三个月内保持较低频次的药物滥用率。这项研究的意义是什么？一是参与 12 步互助小组的人表现更好，因此鼓励他们参加并支持他们这样做很重要。二是为社区的恢复支持性资源提供“人脉桥梁”对于改善矫治成效至关重要。三是同伴在为试图重新融入社区的人架起桥梁方面起着关键作用。

可以用恢复资本的话语体系解读这一点，被排斥和边缘化的群体，如酗酒者和吸毒者，通常只能有限地接触到亲社会团体和网络。此外，在恢复初期，人们往往信心不足，自尊心低下，所以不愿意加入新的团体和参与活动。因此，主动联系既可以让人们在恢复早期接触到社区资本，又为他们提供了所需的社会支持，使他们能够积极参与这些群体并从中受益。虽然参与试验的团体是 12 步互助小组，但他们不一定非得参加这个小组，因为上述过程同样适用于足球、钓鱼俱乐部或当地社区的志愿者计划。这是多拉隆齐射（Salvos）中心连接模型的基础模型。目的是利用每个连接者的知识和网络来帮助矫治对象决定应该连接哪些团体。

### （二）多拉隆恢复中心的项目实施过程

1. 参与者

最初的参与者是大约60名与救世军有关的人。这包括治疗社区的现有员工、社区的老住户（毕业后就在社区定居）和其他可能与社区有联系的救世军主要工作人员，其中一些参与者担任了不止一个角色。在围绕社区恢复建立联盟的过程中，没有过多关注参与者的个人身份，没有要求个人具体说明自己的身份。要求参与者承担两项任务。

**任务1**　根据他们居住或工作的地区将整个小组分成五个分小组，列出他们知道并曾经参与的社区资源。要求各组确定三类主体：

- 支持积极参与无酗酒和吸毒风险的恢复团体、相关活动和社交网络的个人；
- 当地社区的非正式团体和协会，例如互助团体、体育和娱乐团体以及其他社区团体；
- 可以提供实用资源和支持服务的机构和组织。

要求上述小组开始执行这项任务，然后通过电子邮件和后续会议完成任务。此项任务的主要目标，源自丹德农的倡议，包括构筑新关系，确立作为新资产的连接者小组。初始会议结束时，与参见基于资产的社区发展模型呈现的典型情况一样，要求按位置划分的分小组向整个小组做报告，并就社区资产的后续推进步骤达成一致意见。

**任务2**　在同样的分小组中进行，以地理区域为基础，秉持有效和可持续的社区参与必须基于互惠的理念，同时基于下述理念：治疗社区（包括建筑、员工和居民在内的治疗社区）代表着有机会为当地社区提供宝贵资源。这不仅包括志愿服务和相关工作，还包括积极参与各种社区团体。这样做的原因是，通过积极参与对当地社区做出贡献来对抗污名化。这项任务包括下述两项活动：

一是思考方案，通过治疗社区解决本地社区尚未满足的需求。

二是从治疗社区内部确定资源和机会，以满足当地社区的需求。

2. 治疗社区实施过程中的调查结果和结论

我们将这两项任务描述为“互惠社区发展”，这是为了明确居民可以为社区提供有价值的东西，他们是宝贵的资源。这对于边缘化群体来说是一个关键信息，因为他们可能看不到自身的价值，这对于挑战社区中的某些观念也很重要，这些观念认为作为矫治对象的居民应被视为负担或是特殊救助的对象。因此，社区发展模式是互惠的。该模型如图 2.2 所示。

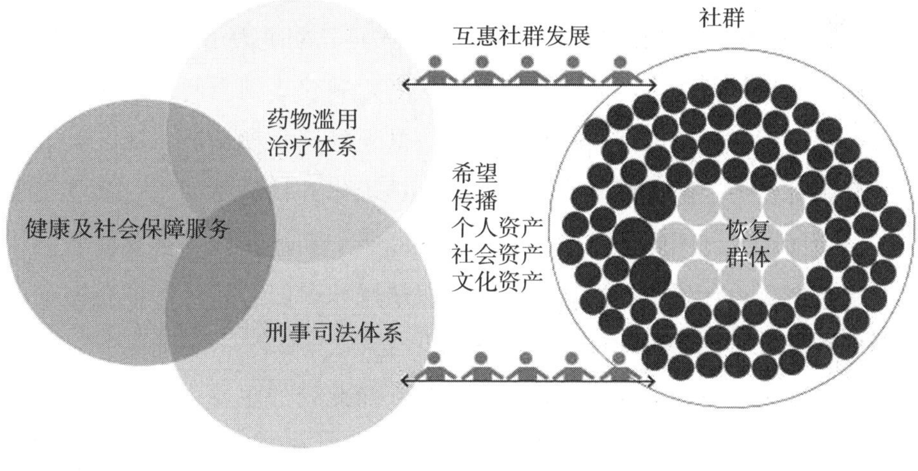


**图 2.2　对滥用药物及前科人员的矫治与恢复**

源自澳大利亚：建设联系和社区链接。

以下为相关解释；之后，总结多拉隆项目的调查结果。

图中描绘了治疗社区居民所联系的专业组织机构之间复杂的相互作用(图 2.2 的左侧)。居民同医疗与社会福利服务系统、刑事司法系统和药物滥用治疗系统保持着一定的联系，这些系统代表着某种形式的帮扶资本，并为一系列专业知识和资源构筑潜在桥梁。这并不是说所有居民都会从这个角度看待专业人士或积极看待同他们的联系，但这仍然是一个需要探索和考察的重要领域，许多专业人士的责任感（以及他们对社区的贡献）不应被忽视。

而图的右侧是更传统的基于资产绘制的区域，由社区中可用的资源组成。在该项目中，一个非常具体的目标是将法定和志愿服务组织的资产与更多的地方和非正式团体和协会合并。因此，我们的目标是创建一种动态的、基于优势的方法，将四类团体连接成一个积极的联盟：

- 专业人员及其代表机构；
- 社区和团体，以及可以与各种团体建立联系并成为其成员的人；
- TC 的居民；
- TC 的工作人员和志愿者，其中许多人将长期致力于恢复服务。

其目的是在这四个群体中的所有连接者之间建立社会网络和联系，明确希望建立一个长期可持续的联系网络，共筑社区长期优势、社区凝聚力和社区福祉。为了解决可持续性问题，这项工作的目的是创建一个具有吸引力的新团队，该团队会留住老成员并不断吸引新成员加入恢复联盟。这完全符合恢复治疗景观的概念，因为改善居民状况的直接目标也有助于更广泛的社区建设进程。

我将在第四章回到这一问题集中探讨，而此处的主要目标是证明所有社区都有优势（包括 TC 和监狱），构筑桥梁不仅有助于提高两者之间的一致性，还可以在当地建立社会和社区资本——并通过希望和参与的传染过程实现这一点。

3. 多拉隆社区联系

第一项任务即确定候选社区连接者，共产生了 69 位社区连接者候选人，他们通过工作人员、矫治对象和毕业生以及他们在救世军中的个人关系，通过互助团体和参与当地社区，与多拉隆建立了联系。该组织分为四个小组，涵盖四个不同的地理区域，每个小组负责连接一些恢复团体和当地社区资源，如男性之家、邻里中心和青年中心，以及救世军团体，如妇女互助团体、育儿团体和希望团体。

在不同区域建立的主要地方团体和机构包括澳式足球（澳大利亚规则足球）和英式足球俱乐部、继续教育学院和大学、狮子会、击鼓和舞蹈俱乐部、滑板手联盟、社区消防局、邻里中心和当地图书馆。这些强大的资源构成了图 2.2 的右侧部分，代表了传统的连接目标。然而，最初的工作坊还有一个额外的组成部分，重点是创建社区参与过程的互惠部分。社区总是会有独特的资产，每个连接者小组都会对理想的启航怀有自己的设想(每个人都需要做好准备和获得支持，以帮助他们有效参与并融入新的团队)。

4. 互惠资产

在回答删除问题“多拉隆社区的工作人员和参与者有哪些技能和资产可以帮助满足一些现实需求?”时，三个小组讨论了 TC 对当地社区福祉的贡献，包括一般性支持（零工、恢复和清理、交通、志愿服务）以及利用齐射（Salvo）拥有的物质资源提供支持（例如，现有资源的一般性功能和社区活动，以及提供持续的社区枢纽支持)。不仅完善了对居民中的毕业生群体的现有支持，而且还将这项工作拓展到帮扶其他弱势群体上，如社区中的年轻母亲和药物滥用者。研究表明，TC 能够为当地社区贡献的最大资源是人员和时间。有一些特定的技能和能力可以利用，如司机（带着车辆)、园林绿化和园艺、同伴支持、协调当地志愿服务和熟练劳动力——通常通过救世军拥有的工具和设备辅助强化。

该项目的推出涉及这些活动的运作，然而我们无法获取有关实施的系统数据。这项工作仍在继续，还提高了多拉隆恢复中心设施的利用率，增加了与不同地方社区的双向接触与沟通。然而，我们没有充足的数据说明它对当地社区居民或更广泛社区本身产生的影响，这让我们感到相当沮丧。这在一定程度上是此类项目的性质决定的，因为对活动的投入应该比对其评估的投入更重要，但许多激动人心的活动和过程相对而言未能得到评估。

## 结论与影响

在这两项举措中，社区联系模式成功地在截然不同的环境中实施：一个是城市环境，涉及地方法院；另一个是农村环境中的治疗社区。这两个社区的贫困程度都很高，但这并不妨碍许多专业人员、同伴和矫治对象/居民通过现有知识和网络识别并利用各种各样的社区资产。这两项举措也为 ABCD 方案助力添加了三个核心要素。

第一，专业人员、矫治对象和各种社区利益相关者之间的明确伙伴关系，与多个社区利益相关者建立了联盟。

第二，“互惠”型社区发展模式，在项目过程中明确提出的基本假设是，矫治对象群体也构成了一种对社区整体福祉有价值的资源。

第三，团体本身成为一种新兴资产，可以支持社区的发展和福祉。

所有这些目标都致力于这一理念，即这些举措的目标有两个：一是提高弱势群体和边缘化个人有效重返社会享受长期福祉的可能性；二是通过这样做，建立社区联系，构筑社区优势，增强项目实施所在社区的整体福祉和连通性。这是对普通公众排斥和污名化弱势群体发起的挑战，以解决弱势群体面临的多重排斥障碍，同时是在建立新的网络和联系，以支持长期改变路径。后一个目标主要是，通过建立新的社区资产，赋权和连接来自社区的所有拥护者群体，以此丰富社区。

因此，这项工作的目标具有基本的社会正义成分 。其目的是挑战排斥和污名化，并由此产生社会约束，获取社区资源，否则边缘化群体将无法获得这些资源。世界卫生组织（2001）报告称，吸毒成瘾是最易污名化的情况之一（酒精成瘾是第四大污名化的对象），英国毒品政策委员会（2010）报告了污名化程度，以及经由一个复杂而隐蔽的自我污名化过程，污名化对重新参与的个人福祉与能力的影响。此外，人们认为吸毒者缺乏自律和意志力（Jones et al.，2010）；他们“肮脏”，不尊重自己和他人

（Sloan，2012）。同样，公众认为违法犯罪人没有受过教育且不卫生（Hirschfield and Piquero，2010）、离经叛道（MacLin and Herrera，2006）和应受责备（Lacey and Pickard，2015）。对于所有参与支持恢复和康复进程的人来说，摒弃这些观念并产生人们能够改变的真实信念是一项重大挑战。

至关重要的是，从社区联系的视角来看，污名化现象超越了刻板印象，意味着将“我们”与“他们”相分离（Link and Phelan，2001）。对这类人群的排斥或他者化有两方面的影响：它降低了社区的凝聚力和融合度，减少了被边缘化和排斥的个人有效重新融入社会的可能性。在这项工作的社区建设部分，这一点尤为重要，因为它是以社会包容和社会正义方法为基础的，而有效的重返社会依赖于社区资本和对边缘化群体重新参与的开放度，这些人在住房、教育、就业和社区团体等一系列领域重新参与社区生活。迅速搭建桥梁、开发有意义的途径、坚决反对排斥现象、促进积极的社会复归是实现这一目标的必要途径，这是基于恢复导向模型的核心假设（White，2009；Sheedy and Whitter，2009）：恢复是一条共享的途径，恢复者与他们合作的同伴导航员或临床医生之间地位平等。因此，这一模式在社区层面得到了复制推广——这里存在一个互惠假设，即恢复社区不仅有需求（社会和社区资本），而且也有资源来增强和丰富他们所居住的社区。因此，结果是正和，而非中立状态，其双重目标是创造一个治疗景观并改善社区所有成员的生活质量。

## 本章重点

- 即使是最贫困和处境最不利的社区也有可调动的资产和资源来支持恢复和重返社会，每个项目都确定了所涉及社区的大量（以及充满显著多样性）资产。
- 调动这些资产是一个具有生成性的过程，可以聚集动力和建立希望——在此过程中创造新的资产和包容性途径。

- 仅靠资产是不够的，需要关键人物扮演社区连接者的角色，以建立和维持桥梁，并与弱势个人和社区团体合作，使联系可持续。
- 这是一条双向路径，假设作为项目目标群体的矫治对象也将拥有可用于强化社区的资产，此为社区发展理念的核心。
- 因此，目标是改善重返社会的途径，并建立可持续的资源以强化当地社区，使其更具包容性并构筑起更好的联系。
- 为重返社会和恢复创造治疗环境，它与包容性社会正义模式有着内在联系。

# 第三章　需要恢复什么？工作、朋友和住房

## 导言与概述

本章将介绍在英格兰西北部开发的一个创新项目——工作、朋友和住房，旨在帮助吸毒者和罪犯重新融入当地社区。其目的是鼓励人们相信，通过参与一项与劣质住房翻新相关的学徒就业计划来改变他们的生活。这些住房将被改造成他们能够居住的恢复住房，成为恢复社区的一部分。这一模式创造了一个充满活力且真实可见的社会恢复网络，提供了一个亲社会的网络，矫治对象可以参与各种有意义的活动并获得社会支持。本章将介绍该项目的背景和基本原理、项目的推进与发展情况，以及我负责的部分在证明其影响和有效性方面的作用。在本章的最后，我还将介绍一种新的方法，与同事们一起使用脸书测试社交网络的一些关键元素。

这项工作建立在前一章主题的基础上，重点关注归属感在孕育积极的希望感方面的重要性，为有效参与社区资源奠定基础。本章开始讨论归属感如何与身份认同，特别是社会认同相关联。然而，其基本原理在很大程度上取决于证据所揭示的什么是恢复的核心基础。工作、朋友和住房项目的总体学术原理是基于恢复服务中有着最强证据基础的三个关键因素——同伴支持、互助和恢复住房（Humphreys and Lembke，2013）。这三种方式都将同伴参与和同伴支持作为其工作的核心组成部分。

## 工作、朋友和住房项目的目标及原理

在有关恢复和停止的文献中，有意义的相关活动都有着强有力且具有一致性的证据基础。劳博和桑普森（Laub and Sampson，2003）报道了一项为期 55 年的青少年罪犯群体追踪调查研究，这是社会科学中研究时长最长的研究之一，其结论是停止犯罪的关键预测因素可以归结为“非正式社会控制”，包括对亲社会支持的依赖，主要为通过拥有一个稳定的同伴，并持续从事适合自己且有回报的工作达成。桑普森和劳博（2003: 46）认为，“工作稳定性、对工作的责任心以及约束工人和雇主的相互关系强化了非正式的社会控制，并且在所有其他条件相同的情况下，导致犯罪行为的停止”。从心理健康（RETHINK，2008）和成瘾领域（Jason et al.，2007；Mericle et al.，2015）可以得到很好的证明，恢复住房是支持恢复进程的重要起点。工作和住房的这些核心问题都包含在工作、朋友和住房项目中，其主要目标概述如下。

“工作、朋友和住房（JFH）”是一家由兰开夏郡警方支持的社会企业，由警察局的一名警官史蒂夫·霍奇金斯（Steve Hodgkins）领导，为戒酒戒毒的人提供建筑行业的就业机会，特别关注那些从当地监狱获释的人。该项目由一名长期处于恢复期的项目经理提供支持，经理与布莱克浦的恢复和商业社区保持着密切联系。它以救助那些寻求保持戒毒恢复的人为目标，帮助他们建立一个可持续的未来，包括提供恢复支持、恢复住房途径和就业途径，而不在意他们以前的就业史和犯罪史。尽管工作、朋友和住房服务对象来自一系列社区，工作、朋友和住房有一个专门针对刚从监狱获释人员的班组，随着该组织声誉的扩大，这一趋势有所增长。工作、朋友和住房的主要目标是创建一个成功的企业（主要与建筑相关），该企业雇佣处于恢复期的人员从事一些工作，并为布莱克浦恢复性住房的开发做出贡献。工作、朋友和住房为渴望获得长期恢复和重返社会的人们提供的是一种希望和目标感，同时是一种清晰可见和积极的社会认同。

尽管融资模式不断发展且 JFH 与房地产开发商的合作也越来越多，JFH 作为一家社会企业的基本模式是购买房屋或营业场所，对其进行翻新或整修，或者将其出售以获取利润，并将盈利重新投资于企业，或者将其作为恢复性住房出租。为了实现这一目标，他们雇佣了一支由训练有素的专业人员（木工、水管工、电工、泥水工、砌砖工、项目经理）组成的劳动力队伍，这些专业人员指导和培训项目受训人员，其中一些商人有鲜活的实践经验，而另一些人之前没有接触过有成瘾史的人。这些项目参与者从志愿者开始，如果合适，将在当地继续教育学院（布莱克浦和费尔德学院）注册参加为期八周的建筑课程学习。

如果在这一阶段取得成功，参与者可以从事 JFH 建筑项目工作，同时根据 JFH 的需要以及他们挖掘的能力和兴趣，在适当的建筑资格序列中接受学徒培训。他们还有效地建造了自己渴望居住的房屋，这些住房将成为布莱克浦恢复社区的一部分。

正如英国的贝斯特及其同事（Best et al.，2008）和美国的隆加堡及其同事（Longabaugh et al.，2010）所示，成功维持恢复进程的关键是实现从支持药物滥用的社会网络到支持恢复的社会网络的转变。JFH 所实现的是提供一个强大且具包容性的社会网络，然后辅以有效联系一系列恢复和其他亲社会活动（参见本章后面关于社区资产映射部分，其更详细地展示了这一效应）。然而，这种归属感还有一个非常重要的因素，那就是有关真实可见的身份认同。与匿名互助联谊会不同的是，JFH 创造了一个非常引人注目的身份，在参与者（以及所有其他员工）的工作服上，在运送他们的货车和汽车上，以及 JFH 建造的所有建筑物上，都清楚地绘制了该组织的标志。

这创造了一个强大的（积极的）品牌，该品牌被认为具有专业性，并且是城镇重建的中心，由此产生了一种社会认同，JFH 参与者可以自豪地成为其中一员。这一身份认同概念对于我们研究调查的第一部分至关重要，我和我的同事使用了一种独特的方法来评估身份认同、归属感及其对参与恢复支持活动的影响。JFH 还致力于按照最高标准建造住房，以便居民和建筑商能够在与 JFH 建立联系的基础上培养自豪感和自尊感。

## 利用社交媒体衡量社会认同和社会联系

在与西悉尼大学和莫纳什大学的同事合作中，我使用了一套新的数据分析方法，充分利用 JFH 为他们的参与者创建的开放式脸书页面（Bliuc et al.，2017），以进一步探知这种归属感和积极的身份认同感是如何产生的。

JFH 不仅着手为参与者提供安全的住房和有意义的职业，还致力于创造一种全面幸福感。这是通过鼓励新参与者加入当地恢复社区（并参加 12 步互助小组）实现的，还开展了各种各样的社会活动，包括摄影、烧烤、参观当地各类团体以及了解相关活动开展情况。从 JFH 参与者的言辞中获悉，他们感觉自己是“家庭”中的一员，一起工作，一起恢复，一起社交。此外，还在脸书上创建了一个主页，该页面提供了一个论坛，让人们了解 JFH，并为该项目的参与者提供在线社会支持系统。围绕社交媒体出现了一个有趣的证据基础，例如，霍布斯等人（Hobbs et al.，2016）基于美国大型数据集（1200 万份社交媒体档案）的最新研究表明，融入脸书等在线社交网络的人死亡率可能较低。在社会、地理或流动相关层面处于孤立或隔离状态的情况下，通过在线交流获得社会支持尤其有价值（Rodham et al.，2009；Savic et al.，2013）。在这种情况下，虽然主要目的是与外部世界沟通（促进桥接资本），但它在为 JFH 的活跃人士提供支持和联系方面（联结资本）发挥了非常重要的作用。在线网络不仅用于提供独立的咨询和支持，还被用作为面对面服务的补充。这是 JFH 运作的结果，在线小组正在演变为一个提供额外支持的论坛，还为 JFH 的工作人员和参与者提供了一个与一系列外部团体接触的平台。因此，在帕特南（Putnam，2000）的社会资本模型中，它既提供了联结资本（增加了群体成员之间的联系强度）又提供了桥接资本（改善了 JFH 参与者与其他群体和个人之间的联系）。后一种策略是 JFH 和外部团体之间增加社区联系以实现共享和互惠的一种方法，它提供了一条同 JFH 成员和整个团体沟通交流并给予支持的新路径。

从研究的视角来看，在线活动提供了一种不同的选择和机会。人们越来越意识到“需要拓展传统科学方法，以处理社会系统与技术创新相适应时出现的复杂问题”（Shneiderman，2008: 1349）。JFH 开发的开放式脸书页面提供了一个实时查看社交网络和社交团体成员变化的机会。我们的研究方法是充分挖掘利用这些可获取的数据资源，它们来自社交网络和从该团体的脸书页面中提取的文本数据，以及对网上重要代表进行深度访谈的定性数据和定量保留数据。我与 JFH 团队（包括学徒）有着紧密的联系，他们乐见且相信我能应用好这些数据，并向我表达了脸书网站对他们的意义。

作为在线参与支持社区的第一项措施，我们通过分析脸书页面上的帖子和评论数量观察了在线活动的增长情况，从该页面的创建伊始，我们就获得了适当的道德许可，并与 JFH 的员工和参与者讨论了该项目。我们的分析基于这样一个想法，即检查由三个主要成员群体组成的在线支持社区以及他们之间的互动：JFH 项目参与者、JFH 员工和外部人员（更广泛的社区成员）。提取在线数据的方法被称为“抓取”，基本上是将脸书页面上的帖子转换成可以存储在标准 Excel 文件中的文本。然后，我们使用不同的计算机软件包进行了两种类型的数据分析：一种是社交网络分析；另一种是基于语言查询和字数统计（Linguistic Inquiry and Word Count，LIWC）模型，使用语言软件解读帖子内容。

社交网络分析（social network analysis）是一种解读群体中的关系特征（联系、纽带、连接、将某个群体成员同另一个群体成员联系在一起的群体连接与接触）的综合性方法，因此它提供了一种理想的工具，用于捕捉群体动态（以及与其他群体的链接类型）和 JFH 在线社区交流动态

（Scott，2012）。第二种分析技术是语言分析，它关注当前语境中社会认同和社会群体归属的语言标记。通过对参与者在脸书页面上所使用的语言进行计算机分析，可以捕捉到该群体成员社会认同的变化。通过使用 LIWC，我们可以确定恢复群体的身份认同水平（以及这些水平的变化）（Pennebaker，2011）及其潜在情绪（Chung and Pennebaker，2014；Gillv et al.，2008）。从研究的视角来看，脸书帖子的一个有趣特征是，帖子获得的"赞"构成了一种来自群体的强化和认可，因此可以将其视作被接纳和群体归属的标志。

我们使用项目持续力作为在恢复项目中持续时长的衡量标准，因为之前已经发现这与长期积极的恢复结果相关（Zhang et al.，2003）。换言之，我们在探索 JFH 帮扶对象在线互动的类型与他们留在项目中的可能性之间的关系，因为我们知道，保留时间越长，结果越好。

## 一、更好的社会联系和更积极的沟通使 JFH 参与者在该项目中停留的时间更长

JFH 脸书在线社区共有 609 名参与者，其中包括 JFH 项目参与者（N＝23）、JFH 员工（N＝5）和其他社区成员（N＝581），他们在 JFH 脸书页面建立后的八个月内为在线讨论做出了贡献。在我们的分析中，我们查阅了脸书页面在其运行的前八个月内所有的帖子和赞，这构成了我们研究分析的基础。

我们发现，SNA 中心性在很大程度上决定了人们在项目中的停留时间（这意味着在线网络中人们的中心性越强，他们在项目中停留的时间就越长）。基于语言分析调查方法，我们的第二个重要发现是，坚持留在群体中的时间长短在很大程度上可以通过代词"我们"的使用率得到预测（一种社会认同标记——他们谈论的"我们"越多，其在项目中停留的时间就越长），还可以通过获得肯定或在群体中被认可的程度加以预测——反映在收到的评论数量、帖子获"赞"量（其他人点赞支持他们的帖子）、评

论获“赞”量和收到的所有“赞”的数量上。

值得注意的是，虽然集体人称代词（“我们”）的使用可以预测停留时长，但个人人称代词(“我”）却不能。这意味着群体的卓越性（以及个人的责任感和归属感）与群体的更大认可度和更长时间的参与度相关。因此，这似乎是一个动态的过程，在这个过程中，责任感和归属感的增强与群体中其他成员的支持和认可的增加相关联。将自己视为一个群体的成员意味着其他人更可能支持和认可你所说的话，这反过来又与你在群体的虚拟社交网络中的地位有关。

这项研究还有一个方面帮助我们验证了对脸书帖子的分析结果。我们设法找到了两个从群体外围发展到中心的人，并请他们完成了关于其经历的深度访谈。我们采访的两个人都是男性，年龄分别为 30 岁和 45 岁。1 号参与者于 2015 年 1 月中旬开始加入 JFH，用他自己的话说，在加入社区之前，他吸毒成瘾，无家可归，住在收容所。2 号参与者从社区成立伊始（2014 年 11 月 1 日）就加入了 JFH，在此之前，他“身有疾患，依靠残疾生活津贴和兼职工作（成瘾药物戒断约一年）度日，他住在恢复院（家里没有太多支持)，在服务机构工作，每周工作 16 小时，依据治疗方案要求将服务对象带去健身房”。他们能够证实在线支持小组参与的双重益处，以及对他们自身的影响。

受访者很重视与其他群体成员进行在线沟通(“实时社交连接”)，并将其视为支持其恢复的资产。其中一人说：

> “这很好，有时候你会收到如‘有人看到 T 吗?’的提示窗通知，然后你会接到五个电话。这是一个非常好的支持网络……它是真实可见的……它提醒我你是某些事情的一部分。”社会资本有助于加强群体成员之间的联系。然而其中还蕴含着桥接成分。

同一位受访者接着说：

> “更让我兴奋的是别人的评论。这给了我一种很好的感觉……它体现了人们的支持……这就像是涟漪效应——父母开始有了一些希望，而不是对孩子一笑置之。”

这对于理解社区参与对被排斥和边缘化群体的重要性至关重要，他们通过积极参与更广泛的社区活动而逐渐形成与过往不同的视角来看待自己。对参与者的另一个采访中出现了这样一个主题，“这好似更广泛的社区涌入进来……恢复社区与更广泛的社区取得联系（赢得更广泛的群体和他们的理解很重要），例如那个与一名妇女有关的事件。（参见几位团体成员在一次家庭事件中采取干预措施并拯救了一位妇女的事件，贝斯特撰写于 2016 年）。”

第一位受访者的总结意见表明，该群体成员认为他们在社交媒体上构建的社交网络很重要。他说：

> “如果你需要让其他人加入进来……很多人，你会全力以赴，这给予他们希望。很多人因为成瘾而联系在一起，现在他们看到了希望。他们以不同的眼光看待自己，他们可以看到希望的存在……真的非常重要（可将其视作成功）；我们是有价值的——我们可以恢复，我们可以处理日常事务——如果没有人证明它确实有效，似乎结果将截然不同……你现在是什么情况，而两年前的自己又是何等境遇。”

本次访谈以多种方式描述了恢复社区如何与更广泛社区互动的重要方面，以及希望的社会传播在这一过程中所起的核心作用。JFH 项目的参与者清楚地意识到，他们是恢复大使，他们在对抗污名化和积极参与社区实现互惠方面发挥着重要作用。群体内的自豪感和认同感与有效参与其他群体的信心和能力之间存在动态关联。

对 JFH 脸书群组的分析表明，群组的卓越性以及个人的责任感和归属感与群组更大的认可度和更长的参与度相关。我们在这项研究中的发现支持这样一种观点，即培养集体自我意识（积极的恢复身份）有助于恢复过程，但要使这一过程可持续，就必须将其嵌入亲社会的纽带中。JFH 分析的第二部分将着眼于与社区的联系以及它们如何影响参与者的恢复途径。

## 二、JFH 的社区联系和成果

我对 JFH 进行的分析是一项为期一年的评估，其中包括一个结论部分。总体而言，这在三个方面表现出明显的改善——犯罪、药物滥用和幸福感，这些结果显然与在该项目中花费的时间更长有关，同时与强烈的联系感有关。

JFH 参与者的平均社交网络规模从 32 个增加到了 98 个，并有了强劲的恢复态势和更广泛的社区网络。这也与围绕恢复和 JFH 的强大社会认同感有关，二者是积极认同感的两大支柱，让 JFH 相关人员有了自豪感、尊严感和使命感。在定性访谈中，无论是在 JFH 员工还是外部关键联络人的心目中，JFH 参与者形成的社区网络紧密关联，可视作一个明显富于希望的社区，通过参与者联合举办的活动和企业的成功将希望紧密联系在一起。

在评估中，关键犯罪领域的变化程度令人难以置信。在加入 JFH 之前，参与第一年评估工作的 48 名矫治对象在全国警务计算机系统上总共记录了 1142 起犯罪行为（平均每人 32 起），犯罪生涯持续 13 年，这表明他们的犯罪参与率极高且不易改变。在 JFH 开始之前，28 名 JFH 工作人员总共经历了 176 次监禁。自加入 JFH 以来，共记录了 5 起犯罪（由 3 人实施）。这意味着他们在加入 JFH 之前的年平均犯罪率为 2.46%，加入 JFH 之后的年平均犯罪率为 0.15%，每年统计的犯罪率下降了 94.1%，这是一个令人难以置信的成功率，大大超过了恢复项目通常预期的成功率。

JFH 的优势部分在于系列网络，这些网络早于 JFH 的建立，涉及警察、恢复和互助社区、专业成瘾治疗服务，涵盖商业和艺术社群。虽然这些都随着时间的推移而发展壮大，但 JFH 的领导层拥有强大的社会资本，随着 JFH 拥有了良好的商业和社区声誉，这些网络已经联结在一起，从而使 JFH 被视为布莱克浦社区的关键组成部分。在大幅改善犯罪问题的进程中，至少有一部分是围绕着这些矫治对象群体有效融入亲社会社区展开的，在这些社区中，福利支持和商业参与同娱乐、工作和教育、社区参与和互助等传统支柱结合在一起。

JFH 参与者显然受益于一种希望感，这份希望来自恢复住房安全居所以及在学徒期间承担的有意义的角色，但该项目还有一个关键组成部分，即社区连通性，所有关键环节都同娱乐活动、互助与社区、就业与培训相关联。然而，JFH 还通过镇上的商业和住房团体建立了一套不同的联系，这有利于企业的经营，同时是在集体和个人层面上为社区中的新团体搭建桥梁的一种方式。在最初的 ABCD 模型中，麦克奈特和布洛克（McKnight and Block，2010: 132）认为，构建综合性和支持性社区取决于“更多的个人联系和更多的协会联系”，而这反过来又取决于确定哪些人有能力与我们社区中的其他人建立联系。社区资产测绘是 JFH 评估的核心组成部分，它的一个主要目标是为全面重新融入社区创造可持续的途径。

同样重要的是要注意资产是特定于其研究和核算环境的。因此，虽然与体育和娱乐、就业和培训、互助和社区志愿服务相关联的一系列基本资产提供了一个起点，但至关重要的是要认识到每个领域都有其独特的优势和特定群体结构，它们繁荣发展，不断提升着社区福祉，连接者也是如此。该模型的理念不是利用某一地区的每一项资产，而是与适合的资产和可以确立联系的资产建立联系。

显而易见，JFH 的独特影响跨越了一系列领域，同其中一些领域的接触来自早期 JFH 关键利益相关者个人和个人网络。在体育和娱乐以及新兴的商业伙伴关系领域，JFH 建立了一系列尝试性的联系。JFH 正在将这些合作伙伴关系从个人化关系转变为“公司”关系，在这一过程中，整个组织被紧密连接起来，以实现联系的持续性，构筑起由一系列社区连接者所代表的强大支持路径。在此过程中，JFH 体现了资产模型的一个核心目标，即将个人化连接（当个人离开或友谊中断时存在消失的风险）转化为团体和组织之间更具持续性的合作路径。虽然每个团队和群体都有本地资源链接，但这些链接不能完全依赖于少量的个人关系，连接者模型的一个核心目标是在现有的关系中建立可持续性和进化性。此外，使 JFH 良性运作的是，每个连接域都提供了可获得的一系列新的本地资源，这些新资源可以不同方式助力项目参与者的恢复和矫正。

## 三、资产的演变与发展

这种可以感受到的进化与发展在 JFH 成立一年后收集的后续数据中得到了证明，尽管这并不意味着 JFH 连接的组织数量有所增加，但确实表明了联结（连接资本）的强度和各个社区中重要合作伙伴的能力有所增长（可称为融合在一起的联结与桥接资本）。因此，对于 JFH 而言，建立与商业社区的联系是成立组织以及在个人、商业和社区层面建立联系的关键因素。这一转变的效果是，此种联系对个人的依赖性降低，在本文概述的路径模型中，JFH 服务的矫治对象与更广泛社区之间联系的路径更加稳健和持久。在教育和培训方面，JFH 构筑的联系涵盖慈善机构和地方组织、大学和大专院校，以及提供初始志愿服务机会的雇主和给予职业支持的团体。

很明显，大量组织之间彼此存在一些联系，但 JFH 致力于通过网络发展来定位自己，因此它已发展成为这一领域的中坚力量。这不仅增加了 JFH 参与者接触不同类型社区资源的选择范畴，而且还增加了 JFH 合作组织的广度，这些组织可以为其核心工作提供潜在的连接者和支持者。

对于 JFH 而言，这些合作版图是跨多个领域开发的，它们表明了 JFH 如何有效成为布莱克浦当地多个社区和团体的组成部分。他们能够为该项目参与者提供越来越丰富的选择，从而满足参与者的需求及其恢复旅程的阶段性要求，这包括与“布莱克浦恢复小组”“恢复之家”“智能恢复”团体和一些“12 步互助小组”的紧密联系。同时这些选择范畴还涵盖了当地的恢复活动和社团组织，其中包括一个“周六夜社交俱乐部”，以及一个为恢复者及其伴侣提供服务的团体。

就支持早期恢复所需的网络开发而言，这可能是最重要的资产图，但随着参与者开发更多样化的个人恢复网络，其重要性可能会降低。因此，对于那些目的不是成瘾戒断的人来说，将会拥有一些选择权，有以恢复为重点的社会活动（如周日夜社交俱乐部），还有一个家庭恢复小组来支持那些有孩子的人。这些标志着恢复治疗景观的呈现，恢复团体相互联系并相互支持，参与者依据他们自己的信仰体系及其恢复阶段获得支持并且有机会参与各种恢复团体。这意味着 JFH 员工和项目参与者可以在恢复过程的早期用活动填满他们的日子，然后随着社会支持的变化，参与者逐渐拥有更多选择权，并开始确定与其兴趣、才能和爱好相匹配的团体和活动。在 JFH 第一年的发展进程中，有两个主要变化：第一，连接点更可能是组织，而不仅是某个成员，这表明可持续性有所提高。第二，在回馈社区和参与社区活动方面，这种联结变得更加牢固，连接点组织更有可能与 JFH 处于平等地位。

后一点对于前一章中概述的互惠社区发展理念至关重要，因为这表明 JFH 已成为系统的核心部分，可根据需要提供和获取支持。该理念的核心为：总体目标是正和，并在社区层面产生新资产。总的来说，这表明了 JFH 的重要嵌入性，增加了联结资本和连接资本，也有更明确的迹象彰显出 JFH 对布莱克浦生活的贡献。正如互惠社区发展模式所期望的那样，参与 JFH 的矫治对象在团体和活动中没有被特殊对待，他们被视作积极的贡献者。

## 结论与思考：社会认同

JFH 已迅速成为布莱克浦恢复社区的核心组成部分，不仅项目的工作人员和参与者将其视为希望的灯塔，而且在更广泛的社区层面依然如此。无论矫治方面还是社区重建方面，JFH 都满怀着社区参与精神和积极的参与热情发挥了积极作用，其工作重点聚焦于翻新老旧房屋，用适宜的理想房屋取而代之。JFH 同高度边缘化和被排斥的人群合作，给予他们自豪感、归属感和相关支持系统，从而助力其恢复之旅。

对矫治对象群体的影响是显而易见的，据报告，在参与项目第一年的过程中，违法犯罪和药物滥用情况有所改善，相关人员的幸福感和生活质量明显得到改善。然而，社交媒体分析显示此项目还产生了更广泛的影响，JFH 不仅建立了强大的内部联系，而且与其他广泛的社区团体建立了强有力的联系。正是在这里出现了身份问题，这对那些试图重新融入社会的被排斥群体和边缘化群体有着重大影响。本章的最后一节将讨论社会认同和恢复问题，以及 JFH 在这方面的独特之处。

多年来，身份改变一直被视为停止犯罪和成瘾恢复过程中的关键部分。别尔纳茨基（Biernacki，1986）认为，为了实现恢复，“成瘾者必须建构新的身份、视角和社交关系，其中成瘾者身份被排除或大幅削减”（Biernacki，1986: 141）。基于这一主题，麦金托什和麦凯尼（McIntosh and McKeganey，2000，2002）收集了苏格兰格拉斯哥 70 名吸毒者的恢复故事，并得出结论，由于滥用药物的行为，吸毒者的身份因吸毒而严重受损（McIntosh and McKeganey，2002: 152）。在此基础上，他们认为真正做到恢复还需要恢复目前“被损害”的身份。奥尼尔等人（Neale et al.，2011）对该模型进行了批评，他们认为，被损害的身份概念带有轻蔑意味，它忽略了个人在不同社会背景下拥有的其他身份（如父亲、女儿、邻居等），过分凸显了与药物滥用相关身份的显著性和首要性。每个人都有多重身份——父亲、邻居、女人、苏格兰人、“地雷专家”玩家——但重要的是这些身份的显著性以及它们对人的态度和行为的影响程度。

然而，这一切都是基于身份主要是个人的观点，最近越来越多的理论已经开始关注恢复对社会群体成员身份的影响。恢复的社会认同模型

（SIMOR；Best et al.，2016）将恢复定义为一个社会认同变化的过程，在这个过程中，一个人最显著的身份转变是从群体规范和价值观围绕药物滥用的成员身份转变为群体规范和价值观鼓励恢复的成员身份。为了应用这一模型，一个人渴望加入的新群体必须具有吸引力，并且能够减少其先前生活方式所包含的排斥和污名化。社会认同深植于个人、社会和文化资本中，因此要求人们改变他们的社会网络或社会认同并不容易。

从社会认同的视角来看，JFH 的吸引力在于，该组织通过在所有货车上以及他们正在工作的建筑物的侧面印有公司标志，促成了一种可见的积极身份认同形式。更重要的是，所有的高知名度夹克、马球衫和帽子也都印有 JFH 标志。换句话说，JFH 绝不是匿名的，而是着手创建一个可见和可识别的身份，与布莱克浦的恢复和社区参与相关联。因此，JFH 作为一个社区联系项目的成功之处不仅在于积极参与当地社区，还在于创建了一个反对排斥的刻板印象与观念的恢复社区模式。这会营造出一种精神特质，即努力将房地产开发提高到一个非常高的标准，从而确保劳动者能够产生自豪感，并在更广泛的社区中收获积极的声誉。

JFH 创造了一种希望的模式，这种模式具有传染性，不仅对那些处于恢复期的人，还对整个社区都具有传播价值，整个社区越来越多地参与到被视为重大成功和灵感来源的活动中。如今布莱克浦虽不再以同样的方式运作，这并非此种模式或其支持者所致，而是一群未能使其蓬勃发展的官员和专业人士所为。然而，这是另一码事，有迹象表明 JFH 将很快以更强大、更显著的形式回归。JFH 产生了巨大的地方效益，远非恢复社区本身受益于此，尽管随后出现了与治理和组织因素相关的种种挑战，但它仍然是创新模式和社区参与的重要范例。

## 本章重点

- 参与充满正能量的恢复社区是一个主动的过程，涉及对团体及其秉持的价值观的责任感和归属感。

- 尽管恢复的途径有很多，但 JFH 是一个真实可见的有关恢复的有力例证，它通过将资产调动和积极参与一系列有意义的活动相结合，积极参与社区，反对污名化和排斥。
- 使用新的数据抓取技术，结合社交网络分析和语言文字分析，我们能够证明，成为团队的核心、拥有归属感和其他团队成员的积极支持可以预测更好的恢复成效。
- 工作、朋友和住房通过给予希望和意义在解决犯罪和药物滥用问题方面取得了巨大成功——通过提供工作和额外的团体活动，与亲社会团体建立联系。
- 工作、朋友和住房成功的一个关键因素是其能够提供复杂且不断发展的社区联系网络。
- 工作、朋友和住房的评估表明，这些联系可能随着时间的推移得到拓展，并通过群体内多个人的定期使用而增强。
- 得以发展和增强的部分原因是在一系列社区网络中增加了嵌入性，工作、朋友和住房提供了互惠社区发展的一个很好的例子。
- 工作、朋友和住房为个人创造机会助力其找到自己的恢复道路，从而为矫治对象提供了强大而积极的社会认同感，这有助于培养他们的恢复认同感。

# 第四章　留在家中：家庭在支持罪犯恢复方面的作用

以下章节主要基于HMP柯克汉姆监狱的工作展开，该监狱位于英格兰西北部（普雷斯顿附近），是一所成年男性D类开放探视型监狱，关押着650多名罪犯。D类监狱主要是为被判长期监禁的罪犯完成最后两年刑期而设立，旨在支持其重新融入社区。

本监狱的工作重点是罪犯获释后的恢复和帮助其重新融入社会，监狱内正在制定许多方案和举措，包括机构负责人制定的"变革之桥"项目，旨在为罪犯获释做好准备。该项目的基本目标是让长期监禁的罪犯做好重新融入社区的准备，当罪犯还剩两年刑期时，将其转移到柯克汉姆监狱服刑。这符合英国监狱所关注的涵摄范围更广的矫正文化，以支持作为监狱文化核心部分的有效重返社会工作。本章将总结概述罪犯重新融入社区的证据、在引入基于社区联系的创新项目之前罪犯的重新犯罪风险，以及该项目对发展互惠社区联系模式的影响。

## 监狱释放和重新犯罪的背景和证据

据英国国家审计署统计，罪犯从监狱获释后，44%的成年犯在一年内会再次被判刑，所造成的经济损失每年高达130亿英镑（National Audit Office，2010），此外，不仅对罪犯本人，还对他们的家庭和社区都造成了巨大的情感伤害和严重损失。重新犯罪率和过度拥挤率表明需要采取干预措施，支持获释罪犯成功重返社会（Hunter et al.，2016）。对于有犯罪前科且正在经历戒毒恢复的人来说，重返社会的难度可能会翻倍，戒断毒瘾和污名化相关问题可能会加剧这一挑战。除此之外，还包括住房和心理健康在内的其他问题，以及与重返社会有关的其他可能出现的问题，此外还涉及专业人员和社区支持重返社会方面的意愿程度等。由于改变了生活规划以及行为和价值观，一些关系可能会变得不稳定，特别是在家庭关系中，因为在监狱中度过的时光所造成的差距有可能降低信任并削弱社会关系（Wolff and Draine，2004）。

因此，为了弥合监狱与社区之间的差距，必须通过重新安置项目来持续支持和调动分配资源与社会关系，以促进信任半径的增长（Fukuyama，2001）。从监狱获释的人在将要离开某个同伴群体时会面临着多方面的调整，潜在地需要试图避开与药物滥用和犯罪有关的旧同伴。一直以来，他们都在适应现有家庭关系的变化，也在适应他们在监狱服刑期间发生的所有变化。在监狱中，家人或朋友的探访为建立和加强社会支持网络提供了机会，并有助于形成亲社会认同（Duwe and Clark，2012）。一项针对英国男性罪犯的研究显示，良好的家庭关系往往预示着住宿、酗酒和吸毒方面的积极结果，有助于其应对重新安置带来的诸多挑战，保障获释后家庭关系质量（Markson et al.，2015）。关于这一点，有人曾警告过。博曼和莫文（Boman and Mowen，2017）在分析《重罪和暴力罪犯重返社会方案》时报告说，虽然家庭在重返社会阶段可以发挥强大的保护作用，但这也被与犯罪同伴重新接触形成的相关风险弱化；作者得出结论，虽然家庭和同伴都发挥了重要作用，“研究结果表明，犯罪同伴明显削弱了家庭支持与预防重新犯罪之间的关联”（Boman and Mowen，2017: 767）。因此，家庭稳定很重要，但不可断言它是唯一的甚至是主要的社会影响。在传染模型中，社会压力会导致负面的同伴影响和正面的群体或家庭影响，这是一个持续不断的相互抗衡的过程。

尽管如此，英国的《法默评论》（Farmer，2017）指出，加强与家庭的接触不仅可以降低重新犯罪率，增加家庭接触，也有助于打破犯罪和监禁的代际传播，报告还呼吁需要更多地关注并改善罪犯的家庭参与，呼吁通过不断创新来支持这一进程。同样，亨特等人（Hunter et al.，2016）还提出了罪犯重返社会方案的相关建议：第一，从以风险为导向的方法转向基于优势的支持；第二，与家庭和社区资源协调，促进积极家庭关系的重建；第三，应建立灵活且反应迅速的创新计划。

在这一转变过程中，存在重要的哲学理念的变化，特别是朝着关系式矫正方法的转变，从中会进一步体悟到基于优势模式的好处。基于优势的方法不是从风险导向的角度来看待个人，因为风险导向本身可能会给应对挑战制造障碍，基于优势的方法立足恢复力、转型、赋权和公民参与的原则（Saleeby，1996），注重识别技能和调动资产。这可能会给监狱工作人员和管理人员带来挑战，他们通常接受过培训，专注于风险最小化和公共保护在其职责中的重要性。

对家庭的关注还增加了一个重要的时间因素，因为它需要一个面向未来的框架，在这个框架中，狱内家庭关系被视为罪犯服刑期间幸福感的支点，也支持他们为重返社区做准备。在这方面，下文概述的方法既涉及面向未来的框架，也立足于重返社会的关系要素，并为“重返社会资本”奠定了基础，如前一章所述，与社区建立的直接关系和多元化关系可视作支持和实现罪犯长期变革的核心。换句话说，建立家庭关系是给予监狱服刑罪犯社会资本的一种形式，这种社会资本会给他们带来希望，同时会给予其明确的动力抵抗当前和未来的药物滥用与犯罪倾向。

## 柯克汉姆家庭连接者项目介绍

### 一、基本原理与研究背景

与大多数成人监狱一样，在HMP柯克汉姆监狱，朋友和家人的探访在监狱的日程安排中占据重要位置，但这会带来毒品和其他违禁品（如手机和武器）输入的安全风险。无论是在监狱的开放区域，还是在监狱看似更安全的地方，都存在上述安全风险，而开放区域的安全风险可能会更大，因为在 HMP 柯克汉姆的大型开放式探视大厅里，罪犯和他们的探访人之间没有任何物理屏障遮挡。

该项目的基本原理是，采用一个针对家庭成员和罪犯的结构化培训方案，以此作为探访时间的补充，通过协调二者实施过程，支持有效重返社区的途径：

一是确定和调动适当的社区资产。

二是在罪犯个人层面，就其获释后希望追求的兴趣与爱好达成一致观点。

同时，该项目包含下述隐含的哲学要素：

- 基于优势的方法；
- 融入监狱中的恢复文化；
- 基于所有关键参与者——罪犯、家庭成员和监狱工作人员的关系组件；
- 包容性和参与性兼备模式；
- 关注所有参与者和利益相关者的福祉。

这个基本原理与第六章简介的基本原理相似，第六章侧重于谢菲尔德的社区连接者，这里将介绍的是社区连接的不断演变的原理，然后概述程序，最后总结在初期阶段，原理在罪犯及其家庭中应用后的结果。

## 二、社区连接者在监狱环境中的应用

前几章大部分聚焦在药物滥用的恢复上，本章更明确地阐释了停止犯罪的过程。认识到这是一个随时间推移而逐步变化过程的同时，有关停止犯罪的文献更深入地研究到，停止犯罪主要是由个人决定和选择（动机是一个主要的例子）驱动的，且与制度和结构（如婚姻和工作）有关。停止犯罪研究还强调了家庭纽带在减少重新犯罪方面的关键作用（Sampson and

Laub，2003；Laub et al.，1998）。

无论是疏解监狱生活的压力，还是为罪犯获释时提供希望，以及在释放后重新安置过程中提供必要支持方面，监狱服刑期间的家庭依恋都至关重要（Naser and La Vigne，2006；Rocque et al.，2013）。正如布鲁顿·史密斯和麦卡锡（Brunton Smith and McCarthy，2017）所示，在建立资源和关系方面，抓住机会增强家庭纽带和共享活动举办的频次很重要，这些资源和关系将会改善个人获释后的结果。

在当前背景下，有两个重要的概念基础：首先是建立希望感，其次是生成与社区参与相关的社会资本。从本质上讲，监狱项目的基本原理基于下述理念，即家庭成员可以作为人们希望的载体，并承担一种关系角色，将一端的监狱活动与另一端的充满活力和社会包容性的社区联系起来。这与罗克及其同事（Rocque et al.，2013）的建议是一致的，即家人探视提高了犯人对家庭依恋的强度，进而降低了罪犯重新犯罪的倾向。因此，利用联结的力量是发展非正式社会控制的一种方式，这反过来又增加了对亲社会行为的责任感。

这很容易用社会资本和社会认同理论来解释。项目的基本目标（基本模式）是希望的社会传染，建立社会联系和社会资本，从而改善福祉，增强归属感和赋权效能。在家庭连接者项目推出的过程中，看着这个项目从理想变为现实，这是我职业生涯中最令人满意和最有价值的经历之一。

从心理健康的角度重申关于CHIME的观点很重要。利米等人（Leamy et al.，2011）评论了什么在心理健康恢复项目中发挥作用，他们普遍认为成功的干预措施发挥了重要作用，这些干预措施基于提升和构筑联系、希望、身份、意义和赋权的能力。我自己的研究经验表明，戒毒也是如此，目前的资本模式可能为我们提供了一条线索。普特南（Putnam，2000）的社会资本模型基于这样一个理念，即积累资源的经验是我们所属群体内的联结力量（联结资本）和我们所属群体与其他群体之间的联系（桥梁资本）的结合。在经合组织（2007）的阐释版本中，他们也谈到了将资本同社会阶梯上下群体的联系链接起来。在此我不会讨论社会阶梯，但是否与已经获得社区资源的新群体建立联系，对于这个方案而言，至关重要。

在当前的重返社会模式中，这一点极为重要，因为社会资本链接的部分是接触那些罪犯和药物滥用者本来无法接触到的群体，之所以过去无法接触到是由于他们经历了被排斥和污名化的过程，再加上他们自身对那些消极的东西、被排斥的刻板印象以及自我偏见的内化（称为自我污名化）。与社区中与亲社会和有价值群体的联系为他们提供了获取资源的途径（包括技能和教育等人力资本、体育和娱乐活动等文化资本以及自然和建筑资本，这意味着他们可以享用绿色开放空间以及社区内的便利设施）。然而，正如项目过程所示，受益于这些新关系的不仅是罪犯，还有他们的家庭成员。

通过这一进程，被排斥和易受伤害的个人不仅有机会获得资源，而且有机会重新调整他们的赋权感、效能感和信心。因此，通过确立优势并利用这些优势规划未来，个人资本可能会由此得以增长。此外，这与身份的概念有关，因为与积极和有价值的群体接触会带来一种不同的内化，即充满正能量群体的价值观、规范和信仰（Jetten et al.，2012a；Haslam et al.，2012）。当人们加入亲社会团体时（包括但不限于成瘾恢复团体，如12步互助组）他们将这些团体中坚守的工序内化，并因此而改变。

穆斯（Moos，2007）总结了我们对成瘾恢复过程中发生的心理变化过程的认识，认为像匿名戒酒协会这样的互助团体的一个有效要素是，可以获得机会通过观察在恢复进程中推进得更快的团体成员进行社会学习。穆斯进一步指出，匿名戒酒协会提供的不仅是榜样，还隐含着一种期望，即新成员将学习并遵守团体的规范，以获得和维持成员资格，他将这一过程称为“社会控制”。这与劳博和桑普森（Laub and Sampson，2003）提出的非正式社会控制模型完全一致，在该模型中，融入群体的过程导致价值观念的变化。这也可以用社会认同的语言来解读。

正如恢复社会认同模型（social identity model of recovery）（Best et al.，

2016）所示，支持和促进个人远离他们之前所在的药物滥用和犯罪群体，转移到亲社会团体和相关活动中并不是一个简单的过程，因为药物滥用和犯罪群体对他们而言充满着持续的吸引力，同时他们面临着污名化和社会排斥有关的挑战，他们会将一些污名化和社会排斥因素内化，这会导致其自尊心和自我效能感低下。因此，柯克汉姆家庭连接者项目是围绕主动联系正能量群体展开的——社区层面的不平等通过社区映射和主动联系来应对。

在柯克汉姆，此项目的基本原理是，在罪犯出狱前招募其中的一批人，并找到可行和有吸引力的途径，让这些罪犯接触到亲社会团体，这些团体与罪犯的需求和爱好相关联，而至关重要的是能让他们看到自身的热情与优势。这个项目的独特之处在于，我们试图利用他们的家庭成员来建立这种联系。接下来将介绍“柯克汉姆家庭连接者”的前两波浪潮，通过招募并培训连接者来支持刑满释放的服刑人员从监狱向社区的过渡，其目的是为那些从监狱获释的人建立积极的社会资本，而这样做也是为了在监狱与社区之间建立更紧密的联系，并在更广泛的社区中促进社会包容，改善社区福祉。

## 三、演变过程

社区连接者工作的前两次迭代是分开介绍的，因为在第一次迭代和第二次迭代之间，程序中存在重大变革，所以将二者合在一起介绍毫无意义。应该让读者感受到程序是如何顺应反馈信息而加以改变的。

重要的是，要认识到工作人员发挥的关键作用——特别是其中的五位工作人员发挥的重要作用。首先，时任州长格雷厄姆·贝克（Graham Beck）和他的副手丹·库珀（Dan Cooper，现任州长）从一开始就坚定地支持该项目，并确保能够成功克服任何组织障碍。其次，高级缓刑官克莱尔·奥格登·韦伯（Clare Ogden – Webb）和两名缓刑官杰基·迪克森（Jacqui Dixon）和罗布·赫斯洛普（Rob Heslop）成为该项目的忠实拥护者。在这一点上，值得注意的是，项目的核心关系部分，集中体现在计划和实施阶段——项目工作充满乐趣，其影响的迅速蔓延，在很大程度上，源于一系列关键利益相关者的投入和奉献，还得益于支持这项工作的新兴关系的构建。

就协定的项目目标而言，总体目标是让罪犯的家人和朋友提供帮助，使他们主动与罪犯建立联系，并参与到罪犯释放前富于成效且有意义的活动中，通过在四周内举办三次讲习班，将罪犯的家人和朋友培训为社区连接者，以此助力罪犯实现平稳过渡。应罪犯要求，我们在完成三课时培训后大约三个月左右，在该项目中增加了一次强化会议。这将有助于希望的增长，使双方都能积极面向未来，并建立联系，提高罪犯获释后有效重返社区的可能性。

初次迭代时，在与监狱工作人员会面后，总体培训设计协定为共计六个小时的培训内容讲解，形式为三个以两小时为时间单位的模块，每个模块之间间隔两周，从而让家庭成员（以及罪犯）完成布置给他们的“家庭作业”任务。三次培训的进展如下，旨在实现多重目标与内容（该内容已实现手册化，可根据要求获取手册）。

第 1 课时：简介与个人目标

目的是确定罪犯目前或曾经在以下四个领域拥有的经验、技能和兴趣：

- 就业、培训和教育；
- 体育、娱乐、艺术和文化；
- 恢复小组和其他形式的同伴活动；
- 志愿服务和参与一系列社区活动。

本次培训的最后一部分是引导家庭成员思考他们将如何探索：

- 通过现有网络与这些活动建立联系；

• 建立全新的联系以探求每个领域存在的机遇。

此次培训课程还要求个人完成“家庭作业”，以便更好地参加下一次培训。

第 1 课时结束时为家庭成员布置的家庭作业包括：

• 编制一份与家庭成员及其心爱之人提出的兴趣相关的联系人列表。

• 通过利用他们的社交网络和挖掘有关当地社区的新信息，将这些兴趣与当地的个人、团体和组织联系起来。要求家庭成员创建一个包含所有这些个人和团体在内的目录，并通过网站、电话号码和个人查询方式了解更多关于他们的信息。

第 2 课时：建立联系和发展连接者

在综述他们建立联系的最初经历（社区中的“冷连接”或通过挖掘现有网络）后，要求该小组重新审视他们取得的成绩和遇到的障碍。在此基础上，本次培训的主体部分是，探讨并教授基于资产的社区发展模型中的资产映射技术，包括社区连接者的概念。要求由家庭成员和参与者组成的小组列出他们在当地了解到的活动和团体的清单，并概述他们与每个团体取得联系的方式。此次培训的最后一部分讨论了社区连接者的关键特征，以及家庭成员如何看待自己在这个角色中与他人和睦相处的程度。本次培训结束时，要求家庭成员主动与第 1 课后确定的小组和活动建立联系（也是第 3 课时的家庭作业），并让最初取得的一些联系“活”起来。

第 3 课时：主动联系与网络拓展

第 2 课时的培训内容及相关家庭作业为恢复计划培训奠定了基础，第 3 课时中行动计划分为三个部分——监狱服刑人员现在可以做哪些准备工作；家庭成员可以做些什么来建立与外部团体的关系；以及获释时的参与计划。本次培训结束时回顾了整个培训过程并对三次培训进行了评价。到

第3课时结束时，达成的目标是从每个家庭作为一个工作单元过渡到整个团队一起工作。因此，我们在每次培训后安排一次午餐，让小组讨论他们学到了什么以及如何应对挑战和障碍。

其主要目的是，围绕共同目标和充满正能量的集体目标，帮助家庭在其群体内建立联系，然后赋能家庭单位，通过共同努力确定资源和资产，满足罪犯长期重新融入社会和个人成长的需要。这是一个基于优势的关系模型，其目标是与当地社区建立联系。

第一批研究结果

在第一批次的研究中，总共有7名罪犯和12名家庭成员参加了至少一次培训。完成评估的7名罪犯和6名家庭成员参加了最后一次培训。总的来说，参加最后一次培训的这一批由9名男性和4名女性组成，罪犯年龄从35岁至47岁，家庭成员从25岁至79岁，后者包括父母、兄弟姐妹和伴侣。

研究使用范围为0～20分的量表，分数越高代表着效果越好。研究报告显示，该小组的幸福感水平非常高。心理健康的平均分为17.0分（范围为6～20分），身体健康的平均分为16.1分（范围为10～20分），生活质量的平均值为15.8分（范围为10～20分）。

所有评估项目得到了高度一致的认可，对培训体验持肯定态度的分值至少能达到4.5分（满分5分）。与会者普遍对培训的质量和相关性、培训对他们的有用程度以及在三次培训中获得的支持持肯定态度。我们还使用了德克萨斯基督教大学的同类标准化评估工具（培训评估量表the Workshop Evaluation，WEVAL）来评估实施过程中的障碍。相比之下，对培训的积极看法方面，得分在1分和5分之间（得分越低代表越低的认可度），很明显，参与者没有将缺少时间、缺少前期培训或其他优先事项视为完成所有培训的障碍。

最后，从上次培训结束后立即完成的评估来看，培训带给参与者的影响得到了积极认可，参与者感觉自身能力得到提升，了解了社区连接者的作用，并且已经获得了社区的相关资源，他们普遍认为此次培训发挥了效能，矫治对象需要得到更好的支持。因此，这不仅给予培训本身高度一致的认可，而且也是对真切感知的培训实施效能的一致认可。几乎没有任何参与者对该项目或他们在培训过程中的经历持否定态度。

项目参与者的定性反馈也非常积极，与上述定量结果一致。一位连接者评论说："你意识到与他人保持联系是多么重要。"另一位连接者的一条评论突出了他们参与该项目后的自我价值感，他们将这种感觉描述为"自己就像其他人宏大生活图谱中的一个小齿轮。每个人都有价值"。项目的可参与性也是评价反馈中的一个关键主题，培训课程被描述为"讲得很好""非常有趣且具相关性，但又简单易懂""所说的一切都有意义，如果实施应该会奏效"。还记录了针对该课程可感受到的益处与快乐，并将其描述为"引人入胜"和总体上的积极反馈，如"我相信每个人都从本次课程中受益"和"今天绝对喜爱这堂课"。

从工作人员的角度来看，该项目也得到了高度认可——反馈绝大多数是正面的，几乎没有关于该项目的负面评论。他们将该项目描述为"非常好……非常有趣"，因为项目侧重于"对罪犯来说什么是重要的"而受到赞扬，因此工作人员认为该项目"更有可能产生积极影响"。项目的基本原理和概念框架得到工作人员的赞扬："（该项目）具有良好的理论基础，其付诸实施对受众而言是理想的选择。"该项目的整体架构，包括其周期时长和通过三次培训课程予以实施，也得到了积极的评价，工作人员认为这些培训课程"计划周密且执行良好"，"通过三次培训课程该项目表现完美，因为它让罪犯产生了兴趣，而且就恢复之旅而言，这些对亲属来说已经足够了"。

更重要的是，在一次后续会议上了解到，一名获释罪犯通过该项目建立的联系得以解决就业问题，而另一名罪犯则通过在培训期间建立的联系积极参与了一项青年足球培训计划。同样重要的是，该项目在监狱工作人员中得到传播，并从见证培训历程的工作人员或同参与培训的罪犯交谈的工作人员那里得到了非常积极的反馈。

参与者普遍意识到，该项目旨在如何使他们从中受益，将希望、目的、有意义的活动和情绪调节，描述为参与积极和有意义的网络与活动的潜在结果。存在交叉链接的联系（个人或团体的连接者已经知晓）比无交叉链接的联系更容易利用，后者需要更多的探究和社交技能。因此，为了促进无交叉链接的联系发展，有必要厘清连接者需具备什么品质才能获得成功。回复包括：

- 恢复力、信心、责任感。
- 开放、耐心、热情。
- 沟通技巧。
- 正直。
- 坚韧、厚脸皮。
- 组织力。
- 从成功和失败中学习。

总之，人们认为该项目给罪犯、参与项目的家庭/友谊单位和参与培训的监狱工作人员带来了积极的影响（至少在短期内）。项目中出现的希望主题在参与的工作人员中尤为明显，他们见证并促进了罪犯及其家人的集体目标感和积极参与。在此基础上，他们会形成一种强有力的责任感来管理第二批罪犯，通过一些调整，至少部分上的调整，在评估过程中融入一些希望。

### 四、第二拨连接者

为准备第二拨连接者培训而采取的一项关键行动是与第一阶段的参与者一起举办一次研讨会，作为第二拨培训规划审查过程的一部分。在研讨会上，人们的看法仍然是积极的，很明显，许多与会者在积极鼓励他们的同伴参加第二轮培训。因此，对相关人员的需求远远高于第一阶段。尽管存在需支付前往志愿服务地点的旅费和获得必要的临时许可证（ROTL）以准备社区参与等种种现实问题，人们的参与热情依旧高涨，正是在这次会议上，我们了解到最初的培训方案取得了一些成功。我们兴致勃勃地决定改进课程设计，使我们的一些新“毕业生”能够以同伴拥护者的身份参与后续迭代。这样做是为了确保项目的可持续性，也是为了确保该项目支持同伴参与进程并发挥好同伴主人翁精神。

此外，三名缓刑工作人员下定决心，致力于为培训项目竭诚奉献，他们显然对该项目产生了自豪感和主人翁精神，他们非常热衷于参加第二波培训，并提出了一些补充和修改建议。基于这个原因，大家一致认为，第二波培训将有更大比重的监狱工作人员积极发挥传染作用，还有一定的同伴传染部分，从而让研究团队（我主持的团队，来自谢菲尔德哈勒姆大学）发挥更少的作用。

除了主讲团队的变化外，我们还决定更加关注社会资本和希望。基于这个原因，我们决定在评估程序开始和结束时纳入社会关系的衡量标准。贝斯特等人（Best et al.，2014b）概述了社会认同映射技术，其中便笺的标题是个人所属团体的名称。对于每个小组，参与者记下他们经常接触的每个小组成员的名字。然后，每个名字都用颜色编码（使用可粘贴的圆点），表明此人是否处于“恢复期”，属于非药物滥用者、非法药物或酒精的偶尔使用者还是问题使用者。然后，通过个人的社交网络实现可获取的恢复资本可视化。这是为了应用建立社会资本（包括联结资本和桥接资本）的基本原理，因此我们需要一套方案检测连接关系，以及由此产生的与社会资本和社区资本的联系。

这涉及将社会认同映射与可视化方法相结合，这种方法广泛应用于教育和成瘾治疗，称为节点链接映射（Czuchry and Dansereau，2003）。因此创建了一个专用图谱，试图将社会认同可视化图谱（Best et al.，2014b；Haslam et al.，2017）与资产映射方法相协调，该谱图的示例见图 4. 1。

此图将作为映射社会资本和社区资本（图表外角的方形框）的可视化工具的节点链接映射原理，同贝斯特等人（Best et al.，2014b）描述的社会认同映射原理相结合。在这种情况下，每个联系人都表示积极参与社区资源，因此，此图一方面展现了社会认同和社会联系，另一方面勾勒出可用社区资本的现实图谱。从一个家庭连接者复制的图表可以明显看出，他们与任何核心形式的社区资本都没有直接联系——互助团体；教育、培训和就业团体；体育和娱乐团体；志愿服务和社区团体……所以所有的方形区域都是空白的。此人共有两个社交网络，这些网络由七人组成，其中友谊小组中的每个人都可以参加体育和娱乐活动，因此他们的名字旁边标有圆点表示他们可以使用社区资源。这表明了两件事——首先，监狱里的服刑人员不仅无法获得社区资源，而且他们的家庭成员也常常如此；然而，还有一颗希望的种子，就是他们那些可以获取社区资源的朋友，这对该项目的构思而言至关重要。

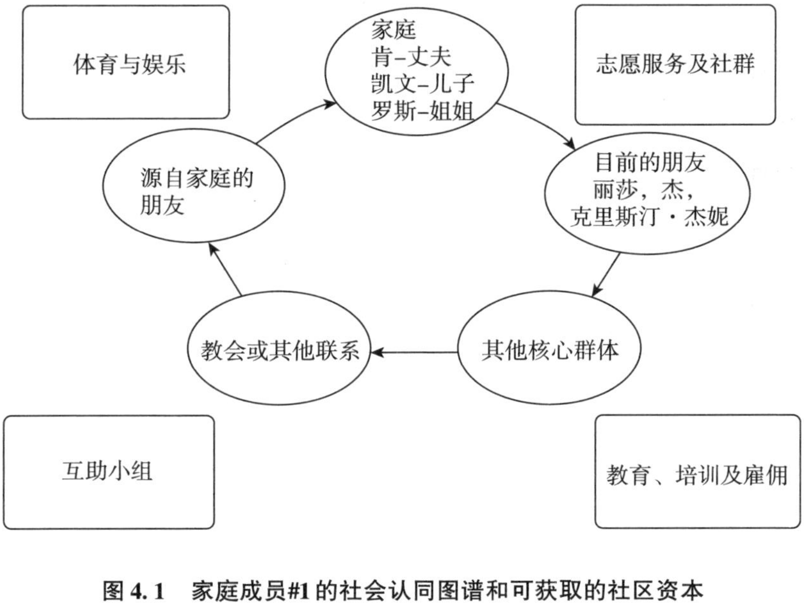


**图 4.1　家庭成员#1的社会认同图谱和可获取的社区资本**

在项目的所有参与者中，他们认为自己可算作平均 4.1 个团体（±1.4）的成员，并且他们与总共 10.2（±4.4）个人建立了联系。平均而言，每个参与者有 1.1 个红点（表示社交网络中的药物滥用者）；3.1 个黄点（表示与体育和娱乐团体的联系）；2.1 个绿点（表示与恢复和社区团体的联系）；0.3 个蓝点（表示与教育、培训和就业团体的联系）。[②] 因此，虽然通常与体育、艺术和娱乐团体有一些联系，但目前几乎没有与教育、培训或就业团体的联系。换言之，参与者（包括家庭成员和罪犯）与社区资源的联系总数略高于 5 个。就他们认为自己所属的团体而言，每个团体平均约有一人与高风险行为有关。

然而，在整个群体中，与社交网络和联系有关的一些显著相关性如下：

• 同毒品、酒精和犯罪有更多联系（红点）与生活质量显著降低相关（$r = 0.74$，$p < 0.05$）。

• 更多数量的绿点（与社区和恢复小组的联系）与更好的身体健康报告状况相关（$r = 0.78$，$p < 0.01$）。

这与“社会治疗”模型（Jetten et al.，2012b）一致，该模型表明，同亲社会团体的联系越多，幸福感和功能表现越好。尽管这是一个有限且局部的展示，但它有助于说明与药物滥用和犯罪群体的关联同较差的幸福感相关，而相反，与积极的社区资产的关联同较高水平的幸福感相关。然而，最重要的一点是，无论是罪犯群体还是他们的家庭获得社区资源的机会都相对有限。在该研究参与者确定的 41 个团体和 102 名成员中，只有大约一半（$n = 56$）能够获得某些形式的社区资源（体育和娱乐团体、恢复和社区团体以及教育、培训和就业团体），而其中只有一人与就业、培训和教育类别团体有联系。因此，我们需要明确的是，参与社区团体的情况很少，但并非完全没有，而且几乎所有的项目参与者都有机会接触到积极的亲社会团体——我们可以称为“二级”社区资本，因为它可以通过参与现有网络而获得。

---

② 红点表示此人曾酗酒、吸毒或犯罪；黄点表示与运动和娱乐团体的联系；绿点表示可以建立联系的恢复团体或社区团体；蓝点表示获得就业、教育或培训资源。

评估结果也与第一拨一致，显示出高水平的参与和支持，影响社区有效实施的障碍是有限的。正数分值记录为希望，这仅在评估结束时进行测量。该项目的第二个结论是，在培训讲授者和接受培训的人群中，逐步形成了积极参与感和集体责任感——人们真切感受到希望和信念在增长，相信在罪犯获释后有效的社区参与是可能的，并且可以建立起个人优势和集体力量。该项目最有力的一个证明是参与者能够在参与过程中逐步建立起信念。基于优势的模式是有益的，让参与者获得幸福感，形成集体目标感和集体认同感。

该项目还使参与项目的工作人员和罪犯志愿者之间的信心和协作意识逐步增强。尽管监狱资源有限，缓刑工作人员团队非常致力于该项目并积极支持该项目，而监狱志愿者的加入意味着未来参与者队伍的招募会显著增强。

## 五、社区连接者工作的影响

在本章，ABCD 原理和主动联系原理已应用于监狱环境，该项目两波评估数据提供了明确的证据，证明所有三个参与群体——监狱工作人员、罪犯和家庭成员的参与价值和奉献精神，他们一起努力相互支持，确定并建立了社区联系。虽然这项工作仍然是一个试点项目，但在回顾这项工作时有四个核心领域值得思考：一是社区联系和互惠社区发展；二是希望传染；三是积极犯罪学；四是从联系亲社会团体和参与相关活动到停止犯罪和恢复。

### （一）社区联系和互惠社区发展

这项工作的关键点是明晰了建立积极联系的重要性，以支持亲社会活动，并利用积极的社区资源，获得社会资本和积极的亲社会网络的成员资格。本章证据支持的基本假设是，许多即将出狱的罪犯（也许更令人惊讶的是，他们的家庭成员）缺乏强大的社会网络支持，并且很难获得桥接资本进而接触到亲社会团体获得社区资源。这就是柯克汉姆家庭连接者项目的理据所在，因为它成功地发现了可用资源中的缺口，从而成功地影响了罪犯从监狱回归社区的过渡。

尽管在撰写本书时就连接者项目的长期影响发表评论还为时过早，但它已经为社区联系创造了切实可行的途径。在试点研究的两个群体中，要求识别出罪犯及其家庭成员的技能、兴趣和爱好，然后通过利用现有的社会资本和联系，以及在上述条件不存在的情况下，通过追踪当地社区中可以接触到的资源，确定与这些群体取得联系并参与相关活动的方法。在迄今为止试点研究的每一个群体中，家庭成员都能够做到这一点，一些罪犯也积极参与并从中受到鼓舞，他们还竭力从监狱内部寻找资源，这是一个额外的收获。事实上，我们在第一波研究中就调整了计划，根据罪犯的参与水平和参与热情，让他们发挥更突出的作用。

这不仅证明了培训的正确性，还证明了其具备必要的可行性，从而确保培训不会太复杂或要求太高，并确保该方案可以用相对较少的资源得到广泛实施。在两批次培训群体中，所有家庭都完成了“家庭作业”任务，并成功地识别和利用了社区资产。因此，针对可行性的第二个问题也得到了肯定的回答——通过相对较少的培训和支持，家庭成员能够获得社区资源，并能够将这些资产与罪犯的利益和需求联系起来。

这一过程还有一个重要的附加部分——我们从证据中知晓需要开展家庭修复工作，因为在监狱中度过的时光所造成的差距会降低信任并削弱社会纽带（Wolff and Draine，2004）。显而易见的是，就建立和重塑家庭内部的关系而言，共同完成这项任务的过程是积极的——集体协作识别罪犯具备的能力，并将其应用于社区联系建构的过程中，为参与者提供了一种共同的目标和目的感，评估结果认为这是积极且重要的。

### （二）希望的社会传染

该项目首次提出时，存在三个主要障碍：监狱缓刑工作人员担心项目相关的风险监控与测量问题（及相关治理问题）；担心家庭成员不愿意混在一起做事；以及对该项目的接受度和参与度较低的担忧。

三名缓刑官表达了对第一个问题的关切，他们对矫治对象的选择及其随后参与社区活动都表示担忧。事实上，尽管存在这些异议，机构负责人下定决心推动该项目为项目的实施提供了主要保证。三名缓刑官都具备专业精神且致力于该项目，并发挥积极作用确保每批培训群体中招募足够的罪犯，他们积极参与了培训项目，还制定了一个风险协议，以确保在项目期间不要有罪犯或家庭成员处于危险之中。正是这些培训活动从根本上改变了他们对该项目的看法——他们迅速成为该项目的拥护者，三人现在都是积极的倡导者，他们每个人都对该项目有强烈的自豪感和责任感。他们与矫治对象及家庭成员一起工作的经历实际上让他们“重新连接”了自豪感与责任感，这关乎加入这个行业的原因以及为参与者提供有效重返社会的可能性。

这种集体责任感也影响了家庭成员。之前的焦虑之处在于，家庭成员会固守他们各自的家庭群体，由于污名、羞耻和怀疑，不同家庭群体之间很少有互动。在每批已完成的培训群体中，第 1 课时培训会上都有一些证据表明这一点，但这一点担忧很快就消失了，到第 2 课时培训时，每批培训群体都对项目产生了强烈的责任感，每批次培训的第 3 课时都出现了强烈的团队责任感。

最后一个担忧的问题是接受率和参与度低——尽管管理流程显示第一批培训出现了一些延迟问题，部分是因为我们制定了流程和协议，但随着项目口碑在监狱服刑人员中传播，这一点担忧在第二批培训时消失了。最初的几名学员愿意在第二批学员中担任培训师，并坚信培训的益处会在监狱服刑人员中迅速传播，因此他们的参与需求很高。如前文所述，当招募这些家庭时，他们会成为该项目的积极参与者，出乎预料的是，监狱服刑人员也是如此。

那么，我们为什么要如此积极地参与，并设法克服所有这三个障碍呢？答案就在这本书的标题中——希望的社会传染。我们成功地利用了一个过程，这个过程激发了基于关系的参与、参与过程的热情投入、对彼此承诺的信守，更重要的是，逐渐形成了一种信念，即罪犯从监狱获释后会有一个积极的未来。这一点形成合力，作为一个整体通过不同群体进行传播，参与者之间的角色差异通过集体参与和共同努力得以缩小。第一批培训结束后，一名参与者向我报告说，这是13年来监狱里第一次有人问他们擅长什么。以下为社区联系项目的基本原则：项目基于优势和希望，而这一过程需要共同参与和共同担当。有趣的是，这样做的一个结果为，随着信任和希望在整个群体中传播，许多负面经历和顾虑被打破，家庭成员间的关系变得更加牢固。

### （三）积极犯罪学

积极犯罪学的概念可以追溯到20世纪初，近年来随着“美好生活模式”的提出，这一概念得到了发展。最初由沃德和斯图尔特（Ward and Stewart，2003）提出，罗耐尔和塞格夫（Ronel and Segev，2015）在最近编辑的一卷书中对这一概念进行了最新阐述。从本质上讲，它是一种基于优势的模式，关注恢复和生活转变，并与积极心理学运动相联系。这是社会工作和弱势群体相关的学术思想和研究更广泛变革的一部分，它发轫于社会科学中的积极心理学和犯罪学，该领域完全不同于恢复性司法、治疗性司法（二者均与法律实践相关）以及心理健康、药物及酒精成瘾方面的恢复运动。方法上的变革基于这样一种认识，即社会正义、社区凝聚力和个人生活质量与福祉等更广泛的问题可以通过此种方法加以解决。

基于一种人道主义传统，即幸福是一种整体品质的体验，不仅涉及当事人，还涉及其周围的人，人们认识到，对弱势群体的支持需要以关系为重点、以社区为基础和持续动力。这并不是说传统的“临床”方法没有立足之地，而是说它并不总是必要的，也不足以解决更大的问题，如社区权利和价值体系中的包容和参与等。以社区为中心的方法不会忽视个人，而是试图将重点放在群体和社区上，以此作为干预的场域来改善个人的生活。这是因为在社区层面希望可以得到传播，可以发生能够支持和促成变革的结构性变化。积极犯罪学传统既为“不造成伤害”提供了框架，也鼓励学者不要成为孤立的观察者，而要做“社区活动家”，他们既能绘制成功图谱，又能激励他人相信积极的变革是可现实且可持续的。

### （四）将亲社会联系转化为停止犯罪和恢复

本章首先概述了有关停止犯罪的文献，并认识到存在一些关键的人际因素（包括但不限于非正式的社会控制）影响停止犯罪的进程。然而，在认识到关系（尤其是婚姻）和社会网络的重要性（反社会同伴是风险需求响应模型中的关键风险因素；Andrews and Bonta，1998）的同时，停止犯罪研究很少涉及这样一个理念，即团体和社区可以作为重返社会和恢复的预测因素。虽然 ABCD 模式在英国药物滥用和精神健康恢复政策的应用中越来越普遍，但很少有证据表明同样的方法适用于停止犯罪。对家庭重要性的认识并没有延伸到共同活动的问题，也没有延伸到家庭成员可以构成宝贵资源的理念，更没有延伸到家庭成员集体都是利益相关者，他们通常希望并且愿意被动员和获得支持。问题的关键是，这不是一个“零和博弈”。其理念是不仅罪犯从联系过程中受益，而且其家庭所有成员也从中受益，首先是通过增加与罪犯的积极接触（以产生联结资本），还通过增加他们自己在社区中的联系（借助桥接资本和连接资本）。

### （五）未来发展方向

需要注意的是——这不是万能药。并非所有罪犯都与家人保持联系，对于其他人来说，家庭可能在他们的犯罪行为或与之相关的问题（药物滥用、家庭暴力、创伤和心理健康问题）中发挥着一定的作用。因此，在规划通用性和广泛应用时需要一定程度上的谨慎。这些都是试点项目规划和实施过程中非常现实的关注点和讨论点，其重要性不容忽视。然而，这项研究证明了这一方法的可行性以及三个群体（监狱工作人员、罪犯和他们的家人）的意愿，其为了共同的目标走到一起，共同努力（没有专业界限和障碍），创造有意义活动的现实路径，并以此产生积极的集体认同感和可持续的希望。需要做大量工作来测试这在释放后对矫治对象（及其家庭成员）产生的长期影响，但目前的表现是积极和令人鼓舞的，这一过程存在诸多益处，会在罪犯仍在监狱服刑时对提高社区凝聚力方面产生积极的影响。显然，参与该项目改善了罪犯与其家人之间的关系，以及罪犯同参与该项目的监狱工作人员之间的关系。

与本书中描述的许多工作一样，此项研究的影响远远超出了直接主题，延伸到更广泛的联系问题及其对社会认同和自我认知的影响之中，研究基于下述理念，即可持续改变是罪犯或药物滥用者与社区（包括社会工作及其支持的社会结构）之间的社会契约。下一章重点将转向一个为期四年的项目（正在进行中），目的是在谢菲尔德及其周边地区创造可持续的社区变化，下半章重点聚焦在谢菲尔德以东约 15 英里的一个规模较小的城市唐卡斯特的变化。

## 本章重点

- 在监狱环境中，很大程度上会忽视家庭的需求，英国最近的海默报告（Farmer，2017）强调家庭需要更多的参与，以支持罪犯获得福祉。
- 从监狱过渡到社区是重新犯罪和成瘾复发的一个主要风险，往往是由于无法获得能够支持可持续变革的各种资本（住房、工作、支持网络）而引发的。
- 柯克汉姆家庭连接者项目是与 HMP 柯克汉姆（D 类开放探视型监狱）的工作人员合作设计的，旨在支持家庭成为罪犯重返社区桥梁建设过程的一部分。
- 该项目聚焦罪犯、家庭成员和监狱工作人员之间的伙伴关系，旨在探知 ABCD 模式、主动联系和社区联系的原理。

• 前两拨培训在所有三个群体中激发了高度的参与热情和希望，因此产生了强大的团队精神和社区精神，改善了家庭和罪犯之间的关系，也改善了监狱工作人员和其他两个群体之间的关系。

• 前两拨参与者的初步评估表明，培训获得了高度认可并产生了希望，一旦相关消息在监狱群体中得到广泛传播，对该项目的需求就会增加。

• 特别重要的是，该项目使缓刑工作人员重新树立了对其职业价值观的信念，让罪犯及其家人重新树立了方向感和目标感。这是应用和传播基于优势方法的结果，这种方法是面向未来和基于希望的。

• 虽然该研究还没有结果数据，但很明显，这种基于优势的方法，在搭建桥梁和围绕罪犯建立支持圈以支持他们重返社区方面具有相当大的潜力。

# 第五章　恢复、研究和社区：谢菲尔德成瘾恢复研究小组和恢复城市

## 背景和基本原理

在英国和澳大利亚工作时，我参与建立了恢复研究小组—— 一个是英国的恢复学院，另一个是位于墨尔本的澳大利亚恢复学院（Recovery Academy Australia）。《成瘾与恢复团体杂志》（*JGAR*）的特刊对恢复学院的工作进行了详细描述，其随后又作为编著出版（Roth and Best，2013）。恢复学院是一个旨在以非常实用的方式展示恢复研究和创新的论坛。年度会议是恢复学院的焦点，旨在影响苏格兰乃至整个英国的成瘾恢复从业者和政策制定者。尽管恢复学院与苏格兰毒品恢复联盟（SDRC）及英国恢复步行的组织者合作紧密，但它是完全独立的，并在没有外部资金或支持的情况下运行。

在澳大利亚墨尔本，人们采取了一个非常相似的模式，试图复制英国的一些成功尝试，但起初其存在许多的政策限制。在2011年澳大利亚恢复学院成立之时，澳大利亚对减少伤害模式有着非常大的政策支持和实践投入，而一些人认为恢复方法是对这种模式的挑战。最初，一小群学者与自助成瘾恢复中心（Self – Help Addication Recovery Centre）合作，开会讨论提高恢复意识以及对伙伴关系和合作的支持。随后过程类似，以年会为起始，但这次还增加了恢复游行，于2012年在墨尔本举行，吸引了大量媒体关注，并提供了一种能提高社会认识并促进恢复成为社会运动的机制。

在澳大利亚，由于可见恢复处于相对较早的阶段，我们的活动主要围绕墨尔本的恢复游行和会议等安排展开，以提高人们对恢复的认识，并为那些能并愿意为恢复争取阳光下的公众形象的人提供集体认同感和目标感。

在此基础上，我与墨尔本的两位同事梅琳达·贝克威斯（Melinda Beckwith）和阿纳·玛丽亚·布里克（Ana－Maria Bliu）合作撰写文章，称恢复是一个前喻政治运动（Beckwith et al.，2016）。这篇研究论文的基本论点是，恢复不仅是一种个人体验，还包含两种重要的人际交往方式。恢复，作为社会传染的一部分，也可以被认为是人与人之间发生的事情。人们既受到启发去尝试恢复，又通过观察正在进行恢复并给予他们启发的人来学习如何进行恢复。然而，恢复还有第三种含义，其作为一种社会运动，旨在庆祝恢复成就并促成其目标。研究发现，它可以创造集体支持和希望，以及与成为充满活力、积极和令人兴奋的事物相关的认同感。促进这种公共模式最成熟的机制之一就是将恢复游行作为一种庆祝形式。

正如现在在美国、英国和澳大利亚反复进行的那样，恢复步行的想法始于五个目标：一是帮助个人庆祝形成恢复状态的成就。二是激励那些还不相信恢复是可能并切实可行的人，因为这里是恢复真实的体现。三是为恢复提供“公众面孔”，以挑战刻板印象和负面观点。四是创建一个政治游说平台，展示恢复社区管理和支持变革的规模和力量。五是展现已经成为当地社区资产的恢复社区的力量。

前喻政治运动的理念是一种社区主导或“自下而上”模式，通过共享的和集体的身份认同发挥政治优势达成特定目标，并且不接受职业正统观念或受其限制。作为社会运动，恢复的另一个关键点是它不限于单一理论或特定人群。恢复步行通常是包容性的活动，涉及通过不同方法（如12步互助和TC）恢复的人，也涉及其他不同人群。恢复庆祝活动最吸引人的一方面是各类人群聚集在一起——恢复中的人、他们的家人、没有鲜活经验的在该领域工作的人、研究人员和决策者，以及社区里的其他成员，它们是开放包容的活动。

恢复作为一种社会运动，关键在于它需要多种人群的参与，他们聚集在一起形成一个恢复支持联盟。这为与政策制定者和从业者的积极接触奠定了基础，并使恢复模式的出现颠覆了治疗这一正统观念。这并不意味着社区和基于同伴的活动可以替代治疗，而是说它们可以增强和补充该模式。同伴又一次在这个转型过程中扮演着关键角色。

## 谢菲尔德成瘾恢复研究小组

正是基于此，我们试图在谢菲尔德建立一个本地的合作基地，进行恢复和恢复研究。经过 2014 年至 2015 年的一系列初步讨论，谢菲尔德成瘾恢复研究小组（SARRG）成立，最初由谢菲尔德哈勒姆大学、谢菲尔德大学、谢菲尔德市议会及其戒毒和戒酒委托小组、谢菲尔德戒酒支持服务（SASS）和谢菲尔德健康和社会关怀信托基金（SHSC）合作组成。

起初，其目的是确定城市中与恢复相关的现有研究活动，并建立恢复的合作和参与平台。然而，这本质上是三个现有团体或活动的映射活动，为拟议的伙伴关系提供了坚实的基础。

第一个是服务用户参考组（SURG），这是一个用户代表小组，由市议会的治疗专员进行协调，为用户和服务提供者之间提供有价值的联系，并于每年 9 月在谢菲尔德协调组织“恢复月”活动。谢菲尔德市议会将“恢复月”作为年度活动，展示了其对恢复过程的持续支持，该活动包括家庭成员的参与环节以及正在进行的同伴和志愿者计划。

第二项举措以一个公共患者参与（PPI）小组为基础，该小组是由谢菲尔德大学的工作人员在该市针对其他健康问题成立的，他们希望将其应用于酒精和毒品研究。这是一项关于用户参与研究设计和开发的关键举措，不仅参与研究资金的规划和投标，而且还确保参与者在包括传播阶段在内的整个研究过程中，都是积极的利益相关者。

这项工作的第三个关键基石是由当地非政府组织（NGO）SASS 举办的年度会议，该组织长期致力于恢复工作以及循证实践。

与此同时，还要感谢我所在的组织，谢菲尔德哈勒姆大学的支持，它不但提供了经济支持，还为该项目的员工提供了灵活的工作时间。这为最初的可行性会议提供了组织基础，并得到了一系列利益相关者的热烈响应。

## 一、启动 SARRG 并制定议程

为吸引公众积极参与人权及社会正义问题，多年来，谢菲尔德哈勒姆大学坚持举办“社会正义周”活动。这为在 2015 年启动 SARRG 提供了平台。其愿景是创建一个由同伴领导的小组，对以恢复为导向的活动进行支持，并开展侧重于促进成瘾恢复的研究和行动。该小组是一个由恢复人员，服务人员，官员，学者和更广泛的社区组成的联盟，代表着不同的恢复路径，积极支持恢复社区，推进相关活动，并向寻求支持的团体提供帮助和专家建议。SARRG 希望能将谢菲尔德建设成英国最重要的恢复城市，以城市中现有的众多拥护者和相关活动为基础，为其他城市提供一个先进的恢复研究和行动模式，以供效仿，并提供一面旗帜，将人们聚集起来支持恢复路径。

其基本的想法是一年举办四场活动：会议、庆祝恢复月的恢复活动、音乐节和圣诞大餐。每年 9 月，会在皮克区举办一年一度的恢复庆祝活动——自行车骑行，以鼓励体育活动和团队协作。该活动是要公开庆祝恢复的可能性，因此所有参与者都穿着被视为恢复色的紫色的 T 恤，从而促进集体认同感并宣传积极和健康的恢复形象。

如上所述，骑行的目的是在参与者中创造一种积极的认同感和成就感，证明恢复是可能的并且有趣的，挑战排斥和污名化的态度和看法，并产生政治资本。然而，关于参与的社会认同方面还有另一个关键目的，与“恢复联盟”的想法有关。

尽管怀特（White，2009）认为恢复传染的主要“载体”是有鲜活经历的人，但恢复必须是包容的、可参与的。除了那些能够作为恢复传染载体的人，有效的恢复系统也需要倡导者和拥护者。虽然鲜活的经历为社会学习提供了论坛（如 Moos，2007），但社会控制部分也可能涉及家庭和其他关键利益相关者。这个联盟中的两个关键群体是，能够提供证据并有责任充当“研究积极分子”的学者，以及能够打破社区活动和专业干预之间障碍的各种专业人士。对他们来说，建立通往恢复社区的桥梁对于构建可行的恢复护理系统至关重要。他们的实践需要支持联系和个人成长的包容性、整体性和个性化组成部分。

因此，令人非常满意的是，该联盟包括了许多专业人士（其中一些人很可能曾有过鲜活的经历）以及来自谢菲尔德大学的研究人员和学者，还有许多家庭成员和社区的支持者（包括一名警察督察）。这种伙伴关系的核心目标之一是朝着恢复为导向的护理系统发展。在 SAMHSA 的证据摘要中，希迪（Sheedy）和惠特（Whitter）将恢复为导向的系统的关键特征概述为：（1）以人为本；（2）涵盖家庭和其他盟友的参与；（3）个性化、全方位的全生命周期服务；（4）扎根社区的系统；（5）护理的连续性；（6）合伙人—顾问关系；（7）基于优势；（8）文化响应；（9）对个人信仰系统的响应；（10）致力于同伴恢复支持服务；（11）综合服务；（12）系统教育培训；（13）囊括恢复个人及其家人的心声与经历；（14）持续监测和评估；（15）证据驱动；（16）基于研究；（17）资金充足且灵活支配。

虽然这里已经讨论了许多关键要素，但其关键思想是关于合作人—顾问关系、扎根社区的系统、综合服务、囊括恢复个人和他们家庭的声音，以及基于优势的工作。

SARRG，在许多方面，都体现了这种模式。它试图创建一个模式，在该模式中，公共活动——如恢复月庆祝活动、夏季音乐节（与 SASS 一起进行）和会议——试图建立一个全市范围的伙伴关系。一系列利益相关者

（包括但不由学者领导）作为其核心，认为这将随着恢复社区（和城市）的发展而扩大和发展。同伴参与是该模式的核心，但其基本原理是包容性的，旨在让多个利益相关者参与进来。其基本目标是学术行动主义，其中利用（和生成）研究证据是建立知识库过程的核心部分。所有活动都是自由的，并没有试图对参与者是否正在进行恢复或他们为什么有兴趣参与作出明确规定。其目的是提高人们对恢复可能性的认识，庆祝和传播恢复的成功（一种希望的社会传染形式），并参与一系列挑战负面刻板印象和增加社区包容性的活动。在以恢复为导向的护理系统（ROSC）的原则中，包容性主要体现在三个不同的活动上，而它们的核心目标之一是通过建立帕特南（Putnam，2000）提出的三种社会资本来产生社区资本：

- 联结型资本，通过庆祝成功，人们会为自己的成功感到自豪，并支持和赞扬他人的努力。

- 桥接型资本，在恢复运动的共同框架下，一方面在恢复患者和家庭成员之间建立联系，另一方面在社区活跃人士、学者和一系列专业人士之间建立联系。

- 连接型资本，通过与专业人士、当地社区团体和活动成员联系，为那些被社会边缘化和被排斥的人（主要是正在恢复的人，也包括其家庭成员）提供获得社区资源的机会，否则他们可能无法获知或获得这些资源。

通过这种方式，人们不仅试图使谢菲尔德成为一个恢复过程及活动方面的专业知识中心，而且还试图提供一个交流和发展的平台。在下一节中，我们将探讨这种合作关系如何转化为谢菲尔德的资产映射过程和正式的研究。

## 二、资产映射作为学习过程的合作基础

如前所述，建立社区资源以支持多种途径停止和恢复的关键方法之一是通过 ABCD，既确定社区资源，又与它们建立联系。基于这一模式，谢菲尔德哈勒姆大学和 SASS 设立了一项博士生奖学金。SASS 自成立以来一

直是 SARRG 的重要支持者，并主办了 SARRG 的四大年度活动之一——夏季音乐节。

我们招募了一名博士生，贝丝·柯林森（Beth Collinson），她毕业于谢菲尔德哈勒姆大学，在这个城市已经有了强大的联系。该博士的目标是研究社会网络和社会资本中的性别差异，以及如何利用联系来支持恢复路径和恢复旅程。她的研究问题是：

第一，现有措施在多大程度上体现了恢复资本的三个要素。

第二，我们将如何着手制定充分的措施来评估社会和社区一级的恢复资源，并为这些措施制定准则。

第三，我们如何在不同恢复阶段的人群中测试这种方法并描绘这些人群的恢复资本的变化。

第四，社区资本的关键参数是什么，它们如何与污名化和排斥相关，我们如何证明社区资本对个人恢复路径的影响。

第五，在上述各方面，男性和女性的恢复历程有什么不同。

该项目的重点是戒酒恢复社区，这是 SASS 支持的众多项目之一（包括一个寄宿式恢复单位）。戒酒恢复社区是一个同伴支持服务，旨在帮助人们度过所有的恢复阶段，无论他们是否已经完成临床治疗或正在寻求采取初步手段减少酒精。该服务旨在通过一系列恢复支持机会给人们提供希望和选择，因此它是一个社区参与项目的完美地点。SASS 是一个成熟的非政府恢复组织，为正应对酒精问题的人提供专家服务和临时设施。

作为 SARRG 会议的一部分，第一次映射活动于 2016 年 7 月 26 日开始，在谢菲尔德的耶稣中心举行，来自各地方组织和团体的约 40 人参加了这次活动。资产的初步鉴定提供了以下四个核心领域的各种支持服务：体育和娱乐；教育、培训和就业；社区参与和志愿服务；互助。

整体资产如图 5.1 所示。

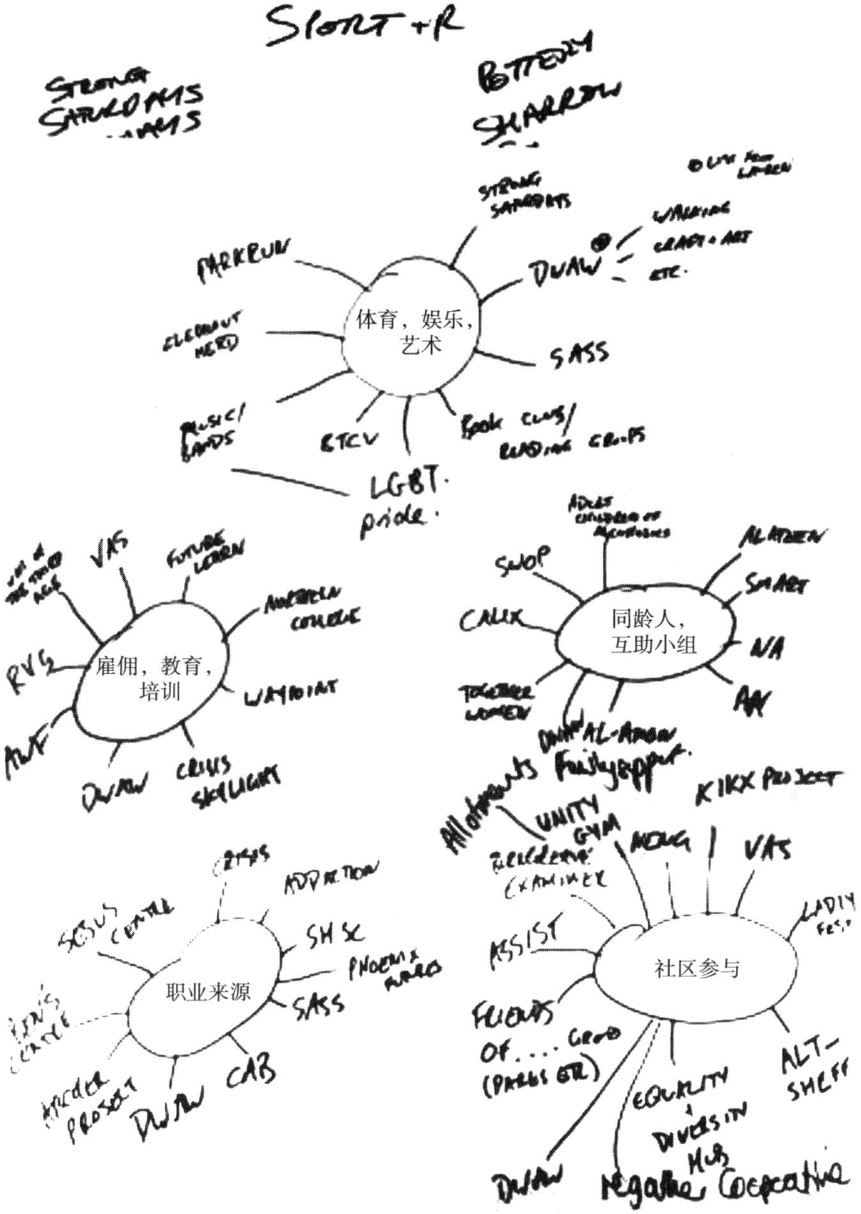


**图 5.1　谢菲尔德资产总图**

像这样基于资产的可视化方法的优势之一是，它具有创造性并且可以根据参与者的需求进行修改。在图 5.1 中可以看到，有一个额外的专业服务“中心”，这些专业服务被视为资产映射过程的核心。这与这项工作的包容性主题一致，特别是与通过不限于同伴并利用更多样化的人际网和资产的合作伙伴联盟来支持恢复的想法一致。

映射活动的丰富性在于参与者的参与和创造力，首先是识别适当的资产，然后是识别能链接到这些资产的社区连接者。然而，这位博士生想要更深入地评估个人如何参与到资产中，进而也衡量每种类型的群体所提供的可及性、可获性、连通性和网络化，使动态的参与模式一直作为过程的一部分。

这是一个很好的例子，说明了基于资产的社区发展研究所最初的工作是如何创建一个可适用于其他目的的框架，无论是学术还是更实际的目的。参与者需要从四个方面对每种资产进行评价：一是可及性；二是可获性；三是连通性；四是网络化。

此活动的目的是开始系统地（形象化地）记录每个参与者如何能够有效地使用每个已识别的资产。它以可视化的形式完成，因此对参与者来说，是可见的和有意义，并且我们能快速编码该人参与的每个小组的优势。对于恢复研究至关重要的是，它具有包容性且可供研究参与者使用，并且结果和产出可以直接转化用于支持个人和团体的恢复之旅。

因此，在给出的示例中，SMART 组的可获性很高（人们可自由参与），但位置不是很好，因此可及性的评级明显较低。在提供联系方面，参与者对该组评价较高。该项目的这一部分旨在将映射从创建目录的活动转变为交互式的活动，并允许积极参与每个资源的人提供反馈和反思。

在博士研究中，贝丝正在衡量参与对参与者恢复结果的长期影响——特别强调评估性别差异。然而，重要的是要注意，资产映射部分不仅关乎一个结果的产出，也是群体积极参与生成资产图，与它们一起建立真正的联系，并为长期恢复建立可行途径的过程。这是一个迭代过程，影响了这一领域未来的工作，而且也建立了联系并建立了支持者联盟来支持这一进程。进行资产映射的一部分目的是，建立潜在的社区连接者联盟。

此外，这项工作实际上为第六章详细描述的社区连接者项目铺平了道路。现在，在结束与发生在离谢菲尔德 20 英里的唐卡斯特市的一项激动人心的计划相关的工作之前，我将简要概述此项连接者工作。至关重要的是，这些恢复计划中有一个"传承"部分，以确保做出的努力和建立的联系不会消散，并且通过对当地社区和当地活动的持续支持，该进程会继续进行。

SARRG 的方案试图让当地社区积极参与恢复研究——它的组织和发展，它在城市中的整合和应用，以及最大限度地提高其对当地社区的影响。这是一个生成和发展的过程，其中取得的一个重要成功是，伙伴关系和信任的建立和增长，这不仅催生了博士生奖学金，而且带来了参与和分享的文化转变，并开发了支持社区参与的创新方法。

SARRG 的成立主要在三个层面提供了建立关系的机会——首先，在组织层面，谢菲尔德的两所大学积极参与合作，其中还包括市议会、NHS 信托基金和一些非政府组织。其次，专业组织内有很多建立个人和团队之间联系的机会（一种明确的连接型资本形式），这形成了联盟并改善了城市中的途径。第三级是桥接型资本，这尤其与提供服务时的指导者和同伴支持者相关，他们有机会积极接触一系列更高级别的活动和机会。在组织内部建立了新的联系，并与更广泛的团体和协会建立了联系，这有助于在谢菲尔德建立恢复资本并建立新形式的社区资本，这既是连接型资本又是桥接型资本。

邻市唐卡斯特市正在讨论这个建立联系和关系的概念，在那里有两个项目——恢复学院和恢复城市，它们是通过与当地 NHS 信托基金的合作发展而来的。

## 唐卡斯特市：一个恢复之城？

该镇与周边郊区和定居点一起，构成了唐卡斯特市区的一部分，2016年年中其人口大约为30.64万人，其中约有16万人居住在城区。尽管唐卡斯特市有一些富裕地区，但它在很大程度上是一个高度贫困的地区，这给公共健康带来了重大挑战。

我与唐卡斯特市的关系很大程度上是基于我对戒毒和戒酒服务组织“追求”的参与。这一组织是罗瑟勒姆、唐卡斯特和南亨伯HNS信托基金（RDASH）的一部分。多年来，我一直为其做会议发言和培训讲习班。2017年，我成了该信托基金的荣誉研究员，我很乐意接受这一职位，这是通过两项涉及社区联系和社会包容的新兴倡议而发展起来的。唐卡斯特的工作人员和服务人员致力于创新实践，并关注恢复，这为我们接下来描述的这些项目建立了基础。

### 一、恢复学院

恢复学院的目标是在社区和刑事司法领域创建一个平台，进行成瘾恢复方面的研究、教育和培训。然而，对这些培训、福祉和发展的特殊愿望需要通过一个关注参与者福祉的伙伴关系来实现。

谢菲尔德哈勒姆大学，RDASH和Spectrum（社区和监狱部门的初级卫生保健提供者）这三个组织同意建立战略伙伴关系，每年提供三次进修和培训活动，以支持所有参与提供以恢复为导向的干预和活动的人。因此，该方案有一个自上而下的组成部分，三个组织的高级领导人和主导者齐聚一堂，支持这项活动，并就如何运作制定战略愿景。但是，也有针对每个参与组织的工作人员和志愿者的重要能力建设工作，这创造了联结型和连接型资本（Putnam，2000），并嵌入了基于优势和关系工作的包容性概念。每个活动既展示了每个组织内部完成的工作，也展示了在各个领域从事创新性实践活动的外界人士的宣传倡导工作。

关于工作人员福祉，还有一个明确的与 ROSC 相关（Sheedy and Whitter，2009）的目标。虽然恢复学院的目标是促进以恢复为导向的循证实践，但它也具有包容性，要满足伙伴关系工作的要求。这就意味着必须有这样一种假设，即恢复之旅适用于矫治对象，同样适用于工作人员和志愿者。这不仅是因为很大一部分工作人员本身可能处于恢复状态中，还因为恢复被认为是一种共享和基于关系的现象（Best，2014），每个人都应该受益于参与以恢复为导向的活动，增加个人、社会和社区资本。在早期恢复中，有相当多的情感方面的工作，这对工作人员是不利的（如 Butler et al.，2018）。相比之下，支持恢复的回报和对社区的更广泛影响对工作人员是非常积极和有益的。

此外，也有充分的证据表明，一个有意义的治疗联盟需要保障其工作人员的幸福安康。在基于对澳大利亚维多利亚州 208 名戒毒和戒毒工作人员在线调查的论文中，贝斯特等人（Best et al.，2016）发现，大约四分之一的工作人员心理健康水平低于接受治疗服务的普通矫治对象的心理健康水平。然而，关键的发现是，心理健康水平较低且生活质量较差的工作人员，其治疗乐观度也较低。换句话说，当工作人员为他们自己的福祉奋斗时，他们就不太可能全心投入积极的治疗关系中，而这对于支持他们的矫治对象以及建立以恢复为导向的关系是必要的。

因此，恢复学院的目的不仅是为工作人员提供一个了解恢复和潜在证据库的平台，而且是让每个组织的领导者了解和支持参与人员的健康和福祉。对于那些以前曾作为矫治对象参与其中的志愿者或指导者而言，这一点尤其重要。其核心目标之一是寻求为“经验丰富的专家”提供支持，并确定他们在建立长期恢复途径方面的学习和支持需求。以这些基于关系和优势的工作原则为基础，恢复学院是一个提供联系并提供成长和共享学习空间的平台。这基于这样一个假设，即个人资本与社会和社区资本同步增长的同时，恢复学院将创造更强大的工作人员并产生社区资产和资源。

## 二、恢复城市

这个想法，一部分是来自恢复性司法方面的发展工作以及这种方法向更广泛的恢复性实践理念的演变。该领域最有名的作家之一，霍华德·泽尔（Howard Zehr），将恢复性司法定义为“让与特定犯罪行为有利害关系的人共同识别和解决伤害、需求和义务的过程，以便治愈并尽可能把事情做好”（Zehr and Gohar，2002: 40）。恢复性司法既是实践体系，也是实践背后的理想和原则体系；正如加夫里莱德斯（Gavrielides）所说，它是一种“精神”（Gavrielides，2007: 139；2014）。这种对恢复性原则潜在后果的思考方式促使它们在治理和教育等广泛领域得到应用，其包容和参与的精神与本书中概述的恢复模式和社区联系方法完全一致。在理论和实践层面，恢复性正义和恢复都将人际变革视为一种内在的、整体的和基于关系的现象（Llewellyn et al.，2013；Best and Laudet，2010），它们依赖于更广泛社区内的机制，并且通过提供论坛，在个人层面利用变革。在论坛中，借助优势建设的活动，实现了积极的改变。

因此，恢复城市的想法借鉴并发展了在同类地区提出的想法。虽然英国的赫尔（Hull）和利兹（Leeds）已经接受了恢复性城市的想法，但也许最成熟的例子是澳大利亚的堪培拉。2016 年，澳大利亚首都地区立法议会启动了设立堪培拉为恢复性城市的工作，并致力于探索和使用创造性方案解决恢复性过程中的共性问题。该计划的核心目标之一是，确保越来越多的人将恢复性原则视为应对冲突和其他有害行为传统方法的替代方案。

这里的想法是，有某种形式的“自上而下”的政策和程序制定，以一种新的做事方式，影响实践者和公民的理念和原则，以增加包容性，并为受害者和其他被排除在外的群体提供发言权。堪培拉的目标是创建一个“恢复性的、富有同情心和诚实的城市；一个民主的城市”，这需要通过改变整个城市各级的信仰、文化、规范和关系来实现（ACT 法律改革咨询委员会，2017）。当地的建议是，需要一个恢复性的框架，这意味着，在所有组织中，都需要提高关系技能，提高解决冲突的技能，并确保制度框架和立法规定足以支持这些变化。这不仅需要决策者和立法者高度投入，还需要在这一进程中形成明确的共识和参与。基本原则包括透明决策、"在政府和机构层面促进最佳践行人权文化"（ACT 法律改革咨询委员会，2017:9）以及信守自然公正原则。

同样的原则和规则并没有在所有恢复城市中普及——这是一个以分享想法、经验和证据为基础的松散联盟，因此城市遵循的是一种理念和一套原则，而不是严格的会员规则。基于一套共同的价值观和对社会正义原则的承诺，以及从一个新兴的、促进包容和解决耻辱问题的实践证据库中学到的知识，一个类似的模式也适用于恢复城市的概念。恢复城市的目标是让恢复过程变得可见，庆祝它，并创造一个支持恢复的安全环境。与恢复性城市一样，其目的是利用恢复原则，在整个社区中，支持包容和公平这些更广泛的目标。恢复城市的目标是：

- 使整个城市成为"恢复治疗景观"——支持恢复改变并拥有重新融入社会的包容性方法的地方；
- 将恢复作为社会包容的起点，挑战更广泛的社会排斥，并积极吸引边缘化人群；
- 创建"互联社区"模式，挑战社会排斥和健康资源不平等。

这些包容性城市不仅有利于恢复中的人，也有利于社区和整个城市。在这方面，这是互惠社区开发工作的中观和宏观版本（在第二章和第三章中概述）。在表 5.1 中，我们概述了贝斯特和科尔曼（Best and Colman，2018）指出的定义恢复城市的关键领域。

**表 5.1　一个包容性城市的组成部分**

| 一个包容性城市的理论组成部分 | 操作要素 |
| --- | --- |
| 连通性和社会凝聚力 | · 同伴的支持和参与<br>· 社区的支持和参与<br>· 互相救助<br>· 与他人的关系<br>· 建立桥接型和连接型资本 |
| 未来的希望 | · 相信恢复的可能性<br>· 支持恢复的可见性并庆祝成功<br>· 改变的动机<br>· 受希望鼓舞的关系<br>· 积极思考并重视成功<br>· 有梦想和抱负 |
| 促进围绕社会包容和社会参与的恢复认同 | · 重建或重新定义一种积极的认同感<br>· 挑战排他性标签和行为——与住房服务机制、职业介绍所等机构合作，挑战排他性流程和结构 |
| 意义 | · 有意义的生活和社会角色：获得有意义的工作和可获得的恢复住房<br>· 贡献和回馈社区<br>· 提供志愿服务和获得社区资源的机会 |
| 赋权和基于优势 | · 个人责任<br>· 掌控生活<br>· 注重优势 |

这些标准基于 CHIME（Leamy et al.，2011）的原则，并试图将这项工作转化为更高的分析层面——社区和城市。这既为恢复城市提供了一个概念框架，也提供了一个可测试的模式，该模式可以在过程开始时进行衡量，也可以衡量每个组成部分的发展和变化。

包容性城市的概念也将有利于人们处理恢复和停止的双重过程。与恢复理论类似，停止承认社会反应的重要性，仅次于个人/机构和社会因素。最近，一些停止研究人员对停止过程的各个阶段进行了区分（Weaver，2016）。在这方面，马鲁纳和法拉尔（Maruna and Farrall，2004）将其分为了“第一个停止阶段”，这是指违法犯罪戒断期，侧重于犯罪行为方面的转变和“第二个停止阶段”，要求成功地实现（永久）无犯罪生活，包括发展一种构建作为非犯罪者的新身份的叙述。停止与恢复理论具有共同点：它们都是转型过程，不是线性的，而是动态的，渐进的并可能倒退，并且类似的内部和外部因素似乎会影响变化的两个过程。

这些是一个模式发展的起点，该模式旨在在每个城市建立可持续的联系和网络，通过创造通向希望和重新融入社会的途径使那些有成瘾和犯罪历史的人受益，并将在城市内建立可持续的伙伴关系。用恢复资本的语言来说（Best and Laudet，2010），这会产生社区资本，一种超越个人的资源，将使整个社区受益。因此，该过程是生成性的，并且会发展从而满足每个城市的需求。正如我们在英国进行的“恢复中的生活”的研究（Best et al.，2015a）所表明的那样，处于长期恢复中的人（80% 恢复超过 5 年的人）很可能以志愿参与社区团体和活动的形式，为自己的社区作出积极贡献。为什么会发生这种情况？至少部分原因在于人们在恢复过程中建立的联系（Best，2014）以及由此产生的可获取的积极社会资本。它们会随着时间的推移而增长。

然而，如第六章关于谢菲尔德社区连接者项目所述，参与 ABCD 等活动本身就具有生成效应。从本质上讲，正如我们在早期的澳大利亚项目（第二章）中了解到的，开发连接者网络的过程本身就是发展的，并会创造新的机会和途径。这些群体代表了建立联系的基础，但也产生了可以被利用和维持以支持增长和发展过程的联系和桥梁（Putnam，2000）。恢复城市模式的目标是建立这些类型的联盟，其可以产生希望并建立伙伴关系，从而支持个人途径并形成社区凝聚力以及对社区活动的积极参与。

支撑这项工作的价值观是，为有酗酒和吸毒问题的人，有犯罪历史的人，但最终是为了唐卡斯特的所有被排斥和边缘化的群体，创造一个支持重新融入社会并庆祝成功的“治疗景观”（Wilton and DeVerteuil，2006）。这一愿望基于这样一种理念，即社区资源的动员是可持续的，是可以通过自上而下和自下而上的积极参与模式以及希望的传播来进行的。随着社区接受度和联系性变得更强，这应该作为一种预防和恢复支持的形式，因此，好处不仅限于恢复人员，对社区和所有生活在其中的人的福祉都有积极影响。

## 总结和概述

本章总结了两个相邻城市的工作，它们有共同的目标，即庆祝恢复成功并且创建一个可见的恢复性景观，通过社区的联系，传递希望，改善社区生活并减少污名和社会排斥。这两个城市的愿景都是基于一种理念，即资本会随着个人的获益而增长（助人者同被帮助的人一样都会获益），但在集体层面上有剩余利益。

在谢菲尔德，SARRG 提供了一个论坛，它将专业人士、政策制定者、学者和同伴聚集在一起，来支持和庆祝恢复性活动。该组织每月召开一次会议，为举行季度性活动做准备，这些活动能产生联结型和桥接型社会资本，公开挑战公众的负面看法，并建立通往城市可用恢复资源的有意义的桥梁（将在第六章讨论）。这里有一个明确的战略，一个“自上而下”的战略愿景，即建立一个与基于实践和证据支持的可见的恢复社区。但随着时间的推移，这也随着当地资产和当地机会的出现而发展起来。季度活动的基本结构为这一活动提供了框架和跳板，但也是战略愿景和伙伴关系与“自下而上”的参与和当地社区活动的结合，使这种模式取得成功以及可持续性发展。SARRG 没有正式的会员模式，组织和人们都自由地加入或离开，但这是有机的恢复伙伴关系和资源发展过程中不可避免的一部分。谢菲尔德的工作继续受到相互支持的坚定人士的启发，他们积极支持城市的积极变革，希望像博士奖学金这样的事情，能促使可持续恢复途径和网络在谢菲尔德发展起来。

在唐卡斯特，治疗服务机构和当地恢复性社区也得到了类似的启发，他们之前通过“恢复博弈”的年度活动以及一系列会议和培训活动来庆祝恢复成功。恢复学院是一个十分令人兴奋的突破，基于相同的原则，将拥有相同价值观和理念的组织聚到一起以建立联系，这不仅创造机会学习，还可以加强能力建设和社区建设，特别是在专业人士和同伴之间的联盟方面。这为这一想法提供了基础，即可以支持唐卡斯特成为一个恢复城市，我们可以利用恢复作为建立社会正义，并为所有公民建立更强大、更公平、联系更紧密的社区的机制。

此外，值得注意的是，恢复性城市模式不仅在唐卡斯特取得了成功，在根特（由夏洛特·科尔曼博士领导）和哥德堡（由琳达·尼尔森和穆尔卡·尼西克领导）也同样如此，还有许多其他候选城市正在支持这一进程和发展。

## 本章重点

• 为了与凯利和怀特（Kelly and White，2011）提出的模式保持一致，以恢复为导向的系统需要一个有政策和实践参与的战略愿景，为社区和同伴参与以及赋权创建一个平台。

• 在城市一级，一个基于优势的模式必须捍卫成功，并庆祝恢复和停止的成就，这是挑战耻辱和排斥的一部分。

• 基于社会正义和自然正义的思想，不限于违法犯罪人员和药物滥用人员，旨在促进社区参与，最终目标是加强社区联系，从而使边缘化人口能享有更有效的社会包容和更多的社区资源。

• 这些想法的基础是个人和社会资本发展并在社区层面为有需要的人创造可获得的新型资本的原则。这些是促进包容和福祉的恢复性治疗景观的基础。

• 社区参与没有一个固定的模式，因为社区参与是一个不断发展的过程，其中将通过当地资产和不可预测的新网络、伙伴关系和协同效应产生优势。

- 在唐卡斯特和谢菲尔德，关键的成功驱动因素是联系、希望、共享和积极的认同感，为人们提供意义和方向，并提供一种赋权感。
- 这是具有传染性的，并产生了个人的福祉和集体的希望，而作为激励和促进公民层面的恢复和包容的一种手段，恢复性城市的想法正在积聚势头。

# 第六章　制订一项支持社区联系的方案

在本章中，我将回顾 SARRG 合作关系中出现的一个项目，该项目涉及多个机构申请并接受英国著名资助者健康基金会的研究和发展基金。该项目的目的是招募和培训专业工作人员和长期恢复的人，支持他们成为社区连接者，然后将该培训应用于帮助首次接受恢复的人获取积极社区资产的工作中。本章将复盘实施这个项目的过程并回顾该项目的研究发现，包括一些对本可以用不同方式去做的事情的反思。然而，主要结论是关于谢菲尔德的这个项目的传承和可持续性，以及在其他环境下可能对其进行的效仿。然而，在此之前，本章的第一部分将回顾一些关于恢复支持者和同伴的证据，以及社区连接者的作用。

## 恢复路径和恢复拥护者

正如贝斯特（Best et al.，2015c: 28）在对苏格兰政府的恢复证据的回顾中所述：

> 基于同伴的恢复支持服务也可以通过激励性的启动、治疗和恢复教育、后勤支持（如交通、儿童保育、有利于恢复的住房）、协助重建社会关系、动员家庭支持和对抗任何破坏恢复启动的努力，以及指导对抗有关参与治疗的社会污名，在消除或尽量减少治疗参与和恢复启动的障碍方面发挥重要作用。

基于同伴社区的活动有以下三种主要形式：

1. 外展是将专业成瘾治疗服务扩展到社区生活，包括在矫治对象初步治疗完成后，在他们的自然生活环境中为其提供支持。外展策略包括社区教育、通过正式外展进行早期案件识别和参与、将当地伤害减少和恢复支持资源连接起来、在非传统服务场域提供服务，以及提高长期进行恢复的人们的社区知名度。

2. 内延是将当地的社区资源纳入由专业指导的成瘾治疗之中。内延策略包括让其家庭及社会关系参与治疗过程；在当地恢复支持小组和成瘾治疗机构之间建立紧密联系；利用消费者委员会、校友会和志愿者项目使治疗环境中有采用不同方式进行长期恢复的人。这是克服“筒仓”模式的一种机制，在该模式中，专业治疗存在于一个独立的、与社区和志愿组织恢复活动无联系的领域。

3. 恢复社区建设包括支持文化机构发展的活动。这其中，从严重酗酒问题和其他药物滥用（AOD）问题中恢复的人中可以找到支持恢复的、自然的（互惠的）、在最需要的时候（如晚上和周末）可以获得并可能持久的关系。恢复社区建设活动包括培养当地恢复社区（倡导）组织和基于同伴恢复的支持组织，促进了当地基于同伴恢复的支持服务/机构的发展，重点关注以恢复为中心的住房、教育、就业和休闲等领域（white，2009）。

正如怀特（White）在专著中概述的，假设同伴拥护者或倡导者已经建立并嵌入一系列社区资源和活动中，基于同伴的恢复支持服务与社区参与和活动之间有明显的联系。内政部（2010）将关键角色给了他们称为“恢复拥护者”的人，他们有鲜活的相关经历，愿意公开积极地与正在进行早期恢复的人接洽，支持他们的恢复路径和恢复旅程。英国的策略因没有具体说明这些人需要什么证书、培训和支持，以及这个群体的职业道路是什么，而受到严厉批评。关于恢复拥护者的数量或留用，内政部（2010）也没有设定目标。虽然读到这里，读者会意识到赋予同伴的核心作用以及他们在传播希望和推进恢复中的作用，但这并不意味着这个团体在明确他们的责任和方向的问题上不需要支持与指导。

尽管不同层次和不同角色的同伴参与同这本书核心的社会传染模式是一致的，但重要的是要记住，在考虑同伴服务的发展时有需要注意的地方。同伴提供的干预有强有力的支撑证据基础，汉弗莱斯和李贝克（Humphreys and Lembke，2013）得出结论，除了互助和恢复住房外，在证据基础方面，同伴提供的恢复干预是支持力度最大的干预形式。他们提供了一项随机研究，对完全由专业主导的治疗方案与员工减半但期望患者自我管理、参与和相互支持度更高的方案进行了对比研究（Galanter et al.，1987）。该研究表明方案在药物滥用结果方面没有区别，但参与同伴领导方案的患者展现了更好的社会适应性。虽然实验证据有限（尽管这项研究绝不是唯一的证据），但有大量的数据研究表明了同伴干预的益处——这是一条双向的道路。通常情况下，参与者不仅获得了等同于或优于专业干预措施的成果，而且还存在“帮手原则”。与匿名戒酒协会的第 12 步类似，这意味着那些助人者也可以从互动和参与所产生的积极的自我意识、成就和有效性中获益。帮手原则首先由里斯曼（Riessman，1965）提出，他指出那些助人者受益颇多，也许比接受帮助的人受益更多。帮手原则是恢复在社区传播的动态作用的核心，因为它意味着双赢和集体利益——从而促进社会和恢复资本的增长。

这种模式的吸引力与社会资本和社会传播模式完全一致。穆斯（Moos，2007）认为，支持恢复的两个关键原则是社会学习和社会控制。这是因为接触恢复的成功案例提供学习机会，这种学习有助于建立关系，使人们认同恢复的价值观、规范和原则。这也与一种社会传播的观点相一致，即恢复以一种类似于病毒传染的方式通过社区传播。因此，双方的恢复资本可以在基于同伴的恢复模式中增长，从而产生更大的社区资本池和储备，这不仅是整个恢复领域，也是更广泛的社区的一种涟漪效应。

这种模式起源于克里斯塔基斯（Christakis）和福勒（Fowler）进行的弗雷明汉心脏研究的工作，并在《互联》一书中进行了总结（Christakis and Fowler，2009）。基于对疾病在美国城镇传播的纵向研究，作者得出了关于疾病传播以及一系列社会介导行为传播的四个基本原则：

第一，我们塑造了我们的网络，我们的网络也塑造了我们。我们会与日常相处的人变得相像。“传递性”（我们拥有的社会关系的数量）会影响我们的生活质量。

第二，我们的朋友会影响到我们，我们经常模仿我们的朋友。对于停止和恢复工作，很大程度上，是我们的朋友给予我们去做的动力（和安全感）。

第三，我们朋友的朋友的朋友会影响我们。朋友的行为会影响我们，并且我们还受朋友的朋友的影响以及朋友的朋友的朋友的影响。同样地，我们的行为也会影响到这三个层级的朋友。因而，对恢复和希望的社会传播模式来说，联结型资本和桥接型资本都很重要。

第四，网络都有它们自己的生命力。没有人控制或拥有该网络。它是复杂的，动态的和不断发展的。这类似于一群没有领袖的鹅，但它会自发进行组织。它没有中央控制点，而是一个“共享信息集合体”。

这些发现的依据是每三至五年对弗雷明汉的成年人进行一次的评估。这项研究持续了大约二十年，需要弗雷明汉的成年人完成体格检查，提供血样，并完成研究采访。研究访谈的关键部分是，它根据你认识的人来评估社会联系。这使研究团队能够完成一系列的社会网络分析，以定位网络中的个体——而且正是基于这些网络，已证明的行为才得以传播。虽然心脏病的传播可以用简单的生物传播来解释，但对于其他行为，改变的机制却不太明显。肥胖就是其中的一个例子：如果一个人的交际圈中有朋友变胖，那他变胖的概率会增加 57%，如果是朋友的朋友，那风险会稍低，如果是朋友的朋友的朋友，风险会更低；对于关系再远的朋友就没有明显影响了。

同样，配偶戒烟能使一个人吸烟概率降低 67%，而一个朋友戒烟使其吸烟概率降低 36%。关系隔一层（朋友吸烟）其吸烟风险平均高出 61%，关系隔两层会高出 29%，关系隔三层会高出 11%。

该设计的优点是，多个时间点意味着基于一个时间点的预测实际上会在下一拨数据收集中得到检测，因此可以使用一个人在基线时的行为变化来预测其网络成员在后续时间点的行为变化。这种方法有两个关键点：一是如果 A 在时间 1 将 B 确定为朋友，那么 B 的行为对 A 的影响就会比 A 对 B 的影响更大（作者将其称为委托人和代理人之间的关系）。二是地理距离没有影响：如果你不认识你的邻居，那么仅是距离近并不会影响行为。同样地，你经常联系的密友会影响你的行为，不管他们住的离你近不近。这就是在线社区在支持恢复路径方面可以如此强大、如此有效的部分原因。

在一篇关于酗酒的后续论文中，基于每 2 ~4 年从 12067 人中收集的数据，罗森奎斯特等人（Rosenquist et al.，2010）发现：如果一个人与酗酒的人有直接关系，其酗酒的可能性会增加 50%；关系隔两层，可能性则增加 36%；关系隔三层，则为 15%。如果一个人与戒酒的人有直接关系，其戒酒的可能性会高出 29%。关系隔两层，则高出 21%；关系隔三层则高出 5%。

很明显，这是一种双向效应——换句话说，就根据它们的吸引力和通过网络传播的能力决定谁能占据主导地位的问题，行为周围存在持续的紧张关系。在吸烟行为和戒烟行为的竞争过程中，谁占主导地位将由更广泛的文化价值观和行为中的群体行为和规范决定。按照克里斯塔基斯和福勒（2010）的话说，传播的是传染性，传播的方式是建立联系。第三个主题是“同质性”，它的前提是人们会与拥有相似价值观和态度的人联系。这与成员的社会认同观念紧密相关，拥有共同的价值观和信念是成为团体成员的核心，而一名核心成员价值观或行为的转变（如从有咖啡因的转变为无咖啡因的咖啡）可能会辐射到整个团体。

社区联系的基本模型围绕两个原则——同伴的重要性、团体成员身份的性质和社会认同的概念。如前所述，有充分证据表明同伴在提供和支持恢复方面的重要性（Humphreys and Lembke，2013）。相较于专业人士，同伴通常具有更多的同质性，更容易接近、更能发挥作用。此外，他们还将提供示范和社会学习（Moos，2007），这是传播的关键（通过经历和示范预期行为得以传播），他们将作为亲社会行为群体的连接人。至关重要的是，他们也将是同一恢复组织和社区的成员，被恢复同伴视为“我们”的一部分，因此，他们的行为和信念将更具影响力。

## 群体对身份的影响

兹威克及其同事（Zywiak et al.，2009）对 141 名可卡因吸食者的研究发现，治疗效果更好的患者通常有更广的社交网络、更频繁的社交往来，并且未进行药物滥用（包括酒精）的人在其社交网络中所占比例不断增加。换句话说，在有可卡因滥用问题的人中，那些矫治结果最好的人与外界社会的联系更多，特别是与那些不支持药物滥用的社会群体。同样，利特等人（Litt et al.，2007，2009）进行了一项随机对照试验，完成寄宿式戒酒的人，被随机分配到普通事后护理或要求至少与一个非饮酒的同伴建立关系的“社交网络支持”干预，与接受普通护理的人相比，那些在其社交网络中添加了至少一个非饮酒成员的人显示，在治疗后 12 个月时，治疗成功的可能性增加了 27%（这里治疗成功是指 90% 的时间里未饮酒）。难怪大多数处于社交网络支持状态的人都是从 12 步互助小组中招募来的，他们作为同伴，给予别人帮助也是他们恢复途径和旅程的一部分。

这与我自己的第一次恢复研究一致（Best et al.，2008），使用了一个非常基本的调查研究方法并从恢复会议中进行招募，我们发现虽然人们实现戒酒的原因多种多样，但维持恢复很大程度上是由于远离饮酒群体，并加入不饮酒及恢复群体。虽然停止通常是由于厌倦了某种生活方式以及一些触发性事件（失业、关系结束、被捕或健康危机），但维持恢复通常是一种社会经历，并参与积极和亲社会的团体。在接下来的十年里，我的工作主要关注这些变化意味着什么和涉及什么。这些研究一致表明社会群体以及由此产生的认同感和归属感的重要性。

这符合我们2016 年的论文中概述（Best et al.，2016）的变革的社会认同模式。社会认同理论认为，在一系列的社会背景下，人们的自我意识来自他们在不同社会群体中的成员身份。由此产生的社会认同有助于构建（和重构）一个人的认知和行为——他们的价值观、规范和目标；他们的取向、关系和互动；他们的想法、他们做什么，以及他们想要实现的目标（Tajfel and Turner，1979；Haslam，2014）。该模式的核心点是，群体不仅提供了归属感、目的和支持（Cruwys et al.，2014；Dingle et al.，2012；Haslam and Reicher，2006；Jetten et al.，2012b）而且还为影响他人提供了基础（Turner，1991）。因此，社会资本不仅是和一群人一起吃饭或谈论你的问题，抑或是借一个水壶或一辆面包车，它还关乎健康赋予的获得感和归属感，其源于参与的团体支持你的幸福安康、肯定你的观点和信念、理解并厘清你所面临的许多挑战。

虽然长期以来，人们都已认识到恢复的一个关键部分是身份的改变（Biernacki，1986；McIntosh and McKeganey，2000），但重点主要集中在个人而不是社会认同上——后者指的是人们从他们所在的群体中获得的身份资源。假设经历过成瘾（和广泛卷入刑事司法环境）的人既会被贴上负面的标签，也会将其部分内化——麦金托什（McIntosh）和麦克肯尼（McKeganey）称之为“破坏的身份”，那么这些必须作为恢复过程的一部分进行“恢复”。向身份变化的社会模式的转变见证了群体成员身份的恢复，正如之前在“工作、朋友和住房”的讨论中所说的那样，特别是关于JFH 脸书主页文章分析的研究。

我们与来自墨尔本和布里斯班的同事合作，概述了 SIMOR（Best et al.，2016）。这在很大程度上借鉴了社会认同理论，并以匿名戒酒协会为例，说明群体成员如何通过内化其所属群体的价值观和规范来引起身份的变化。12 步团体通过一个非常强大的社会认同过程来吸引并留住人们，使其认同团体的价值观和原则，这个过程不仅改变了社会网络（以及产生的社会资本），而且改变了饮酒方面的价值观和看法，并向更广泛的生活价值观和活动拓展。这就是耶滕等人（Jetten et al.，2012b）说的“社会疗法”，成为积极群体的成员不仅会带来自我评估方面的积极转变，还能带来获得幸福生活的积极转变。他们的观点是，恢复是一个过程：

> 他们对恢复团体的认同会影响他们对药物相关事件的理解（如朋友邀请他们一起去酒吧）以及他们对此的回应（他们以会影响他们的恢复为由拒绝了邀请）。总而言之，群体成员身份通过传递内化的社会规范来对个人产生影响，并影响其随后的态度和行为。（Best et al.，2016:9）

这意味着，如果这些价值观符合情况（它们就是关于酒精或毒品的）并且为他们所接受，个人就会依据群体的价值观来解释新的情况。因此，归属于有吸引力且受他们珍视的亲社会群体，使该群体的价值观和信仰更加突出，在面临高风险情况时更有可能被适用。个人不会想从事会威胁其珍视的群体成员身份的活动（如饮酒从而违反恢复团体的规则）。然而，更重要的是，认识到去酒吧会有饮酒的风险，酒吧的诱惑就减弱了——比如匿名戒酒协会的口号，“如果你不想理发，就不要去理发店”。个体在恢复群体中参与得越多，该群体的价值观就越突出并越易接受，个体被排除在群体之外会失去的就越多。

然而，这一转变过程本身是不够的，也无法假设人们总是有意志，甚至有机会向亲社会或恢复群体转变。本章的其余部分将介绍如何鼓励人们从成瘾转变为加入恢复团体，以及他们可能需要什么支持来启动和维持这一过程。下面描述的方法是基于组织伙伴关系和外部资金支持的一项全市方案，培养一批受过培训的社区连接者，为人们的早期恢复提供指导和方向。

## 谢菲尔德社区联系的基础

这里所述的项目建立在第五章中概述的伙伴关系和联系之上，特别是通过 SARRG 开展的地方恢复活动和努力。通过一些社区活动，市议会（以毒品和酒精调试团队的形式），当地 NHS 信托（SHSC），SASS 和谢菲尔德哈勒姆大学同意合作资助健康基金会发展一个社区联系项目。该项目建立在合作关系和信任关系的基础上，合作关系和信任关系是第五章所述工作的一部分。

2015 年 3 月，健康基金会提出了“创新改善资金”一轮申请，与健康和社会保健领域的提案进行竞争。该提案的标题是“建立通往社区资本、社会资本和联系的地方途径，以提高人们的福祉：在当地社区建立专业网络”。该项目将酒精和毒品问题作为这一模式的试点，并以通过积极参与当地社区，来提高当地一线专业人员支持社区参与的能力为起点。这样做的目的是，建立一群“社区连接者”（专业人士和社区成员），作为连接社区现有资源的桥梁，并为谢菲尔德戒毒和戒酒服务设施的用户建立与现有社区团体和活动的伙伴关系。健康基金会项目借鉴了许多与第五章中所述的恢复城市工作相同的价值观和原则。

REC – CONNECT 项目共分为五个阶段：

第一，本着与社区保持主动联系的原则（指的是专业和同伴支持，使弱势人群能够有效地参与并融入社区中积极和亲社会的团体），培训戒酒和戒毒工作者，并与积极的社会团体建立联系。通过提供当地社区资源映射工作的结果，提高工作者对当地恢复资源认识。同时，这会引起对社区资源及人员的映射并确定其为社区连接者群体的潜在候选人，随后他们将接受培训以连接社区资产。

第二，为这个由专业人士、同伴、社区组成的社区连接者团体的主动联系培训模式，提供一个社区连接者的招聘、培训和支持方案。社区连接者是当地社区受人尊敬和有名望的人，他们能够吸引、接触并将弱势人群与他们所了解和接触到的当地社区资产联系起来。

第三，为社区连接者提供持续的支持，使他们与谢菲尔德的戒酒和戒毒服务的客户接触，主动将他们与当地的资源和亲社会的团体和活动联系起来，增加他们的社会和社区资本资源，并为支持连接者团体提供有效的联系。

第四，从一个酒精和毒品问题早期恢复的群体开始，评估所提供培训的影响，并测试这种模型是否改善了社区团体参与及弱势群体的社会资产（它是否改善人们的福祉和减少对有害行为的参与）。

第五，向当地和国家利益相关者传递发现结果，讨论在不同健康环境和不同服务用户群体中的可复制性，以及广泛传播和分享良好做法的方法。

因此，该项目的目标是社区参与和社区联系，以协同生产的模式发展，并旨在实现社区的改善和发展。将其转化为社会和社区资本的语言，该项目的目标是：

- 在不熟悉恢复流程并准备进入下一阶段的客户群体中建立恢复资本；
- 以指导者/导航者的形式提供社会资本，他们在恢复旅程中继续前进，展示了成功恢复的信念和实践；
- 导航者/连接者也充当了连接新活动和新社会团体的桥梁，他们可以产生社会资本并获得社区资源，他们也会接受培训和支持，以加强这一作用；
- 导航者/连接者不仅受益于“帮手原则”，而且作为连接者团体的一员，他们也在开发新的桥接和连接型联系中获益。

此外，还有两个可持续的益处：一是整个城市的服务和组织联系更加紧密，配合更加高效。二是映射和链接到社区资产的过程本身就产生了新的社区资产和资源——换句话说，这个过程是生成性的。

## 建立社区联系和连接者的过程

该项目中有许多核心阶段，如下所述。

第一阶段：意识提高

在项目的最初阶段，来自每个合作组织的团队成员参与城市各地的活动和会议，以提高人们对该项目的认识，并招募我们的导航者/连接者。

第二阶段

基于此，举行了三次培训课程，共有 52 人参与，其中有专业成瘾矫治服务的工作人员、同伴志愿者、谢菲尔德哈勒姆大学的工作人员和学生以及参与服务的管理人员。这些培训课程包括以下核心活动：

解释建立社区联系的目的；

对主动联系的证据的解释；

开展 ABCD 活动，确定每个连接者在体育和娱乐、教育和培训、社区参与和互助等领域已经联系到的恢复支持性资产；

成功社区连接者的核心特点是什么——无论是在个人层面还是在群体层面。

第三阶段：深度培训——讲习班

利用来自信息会议反馈的信息，研究小组随后设计了围绕基于资产的社区发展和主动联系的讲习班，并将其提供给 41 名工作人员和服务用户。讲习班参与者完成了基于资产的社区发展图谱，并确定了他们认为的社区连接者的理想品质，从而共同设计了他们角色的“工作概览”。我们在项目的另外两个阶段都超额完成了招聘和培训目标。我们招募并培训了 21 个社区连接者（目标 = 15），还有其他人要求在培训结束后加入该计划。我们就主动联系的技巧，特别是如何利用这种社区参与来提高恢复人员的选择和权利，对 40 多名工作人员（目标 = 20）、志愿者和同伴进行了培训。

这不仅为下一阶段提供了一批连接者，还为项目创建了更广泛的跨组织、资历和职业的支持基础，这是桥接资本和连接资本的理想范例。

培训计划影响的证据来自从与会者那里收到的评价。总结启动前培训课程的结果（n =63）：

- 对所接受培训的价值、对工作和客户的好处以及增加知识的广泛积极反应；
- 对利用这些方法的时间和资源的关注；
- 关键的学习领域得到了大力支持，所有领域在 1 ~5 分尺度上得分 3.5 分或更高，1 分值较低，5 分值较高；只有“不起作用”得分低于 2 分，表明人们普遍相信该方法的实施和应用。

在评估中，我们使用了一个定制版本的得克萨斯基督教大学（TCU）变革研讨会组织准备评估表（WEVAL），因为它衡量了在应用环境中实施培训的准备程度。

在 1 ~5 分值的范围内，较高的分数代表了对该因素的更强认可，参与者满意程度和材料相关程度的标准指标始终得到积极认可。对于各种连接者来说，参与者对使用材料“感到舒适”很关键，这些材料将有助于支持他们作为连接者的角色。在这种模式中，重要的是对有效实施的障碍，而人们普遍认为（除了对所需时间的一些担忧外）实施没有重大障碍。同样使用 1 ~5 分值进行计量，更高的分数表明更高的认可水平，几乎没有迹象表明资源、缺乏培训或对材料缺乏信任是有效实施的重大障碍。

第四阶段：社区资产映射

21 名连接者组成的小组参加了一系列讲习班和活动，以确定处于恢复早期的人们可以联系到的社区资产。让专业人士、志愿者和同伴混合在一起的目的是，他们可以联系到不同的群体——他们不会都在利用同一社区资本。这是基于这样一种想法，即每个人都可能需要不同的群体配置和支持，以满足他们的需求、激情和兴趣，而且这些需求将在恢复过程中不断发展。然而，最初资产映射活动属于四类标准组，如本书所述的其他项目：

- 体育和娱乐活动（包括参与艺术活动）；
- 教育、培训和就业；
- 志愿服务和社区参与；
- 互助和恢复小组。

参与者需要确定标准的三个资产类别——人员、非正式团体和协会、正式组织和机构——但只包括那些他们有某种形式的个人接触和联系的资产。

通过这个过程，在谢菲尔德和我们的连接者可以接触到的周边地区，总共确定了 134 项资产，如图 6.1 至图 6.4 所示。

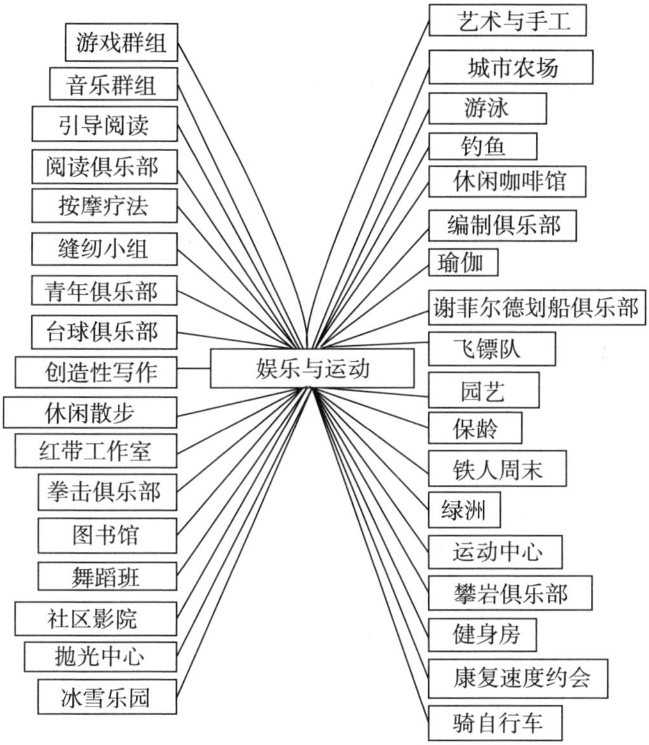


**图 6.1　娱乐和体育资产**

如图 6.1 所示，从活动和群组的范围来看，这些资产多种多样，反映出提出该列表的连接者群组的多样性。因此，至少有一个群体与少数民族社区（波兰人）有联系，抑或与多种多样的活动有联系，如图书馆、社区电影院和攀岩运动。其中一些群组是专门针对恢复中的人，虽然这在描述中没有说明，但导航者已意识到了这种区别。图 6.2 概述了已确定的互助组。

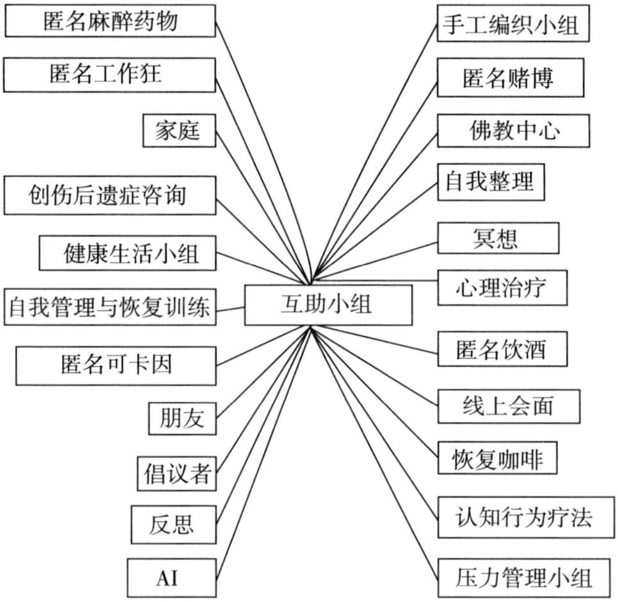


**图 6.2　已确定的互助组**

互助团体包括主要的 12 步小组（CA，NA 等）到不太常见的团体，如匿名工作狂互助会和当地的恢复咖啡馆，以及当地的朋友团体和个人社区活动小组等。重点是确定选择，任何导航者/连接者都无法了解所有群组或活动。这是该活动目标的一部分——它会产生新的知识和新的联系，并建立在已有的基础上，以便所有导航者都能成长。对于所有参与活动的人来说，这是一种生成性活动，将连接者相互连接，增强他们参与感和社区归属感。在图 6.3 中，提供了同伴和社区资产的概述。

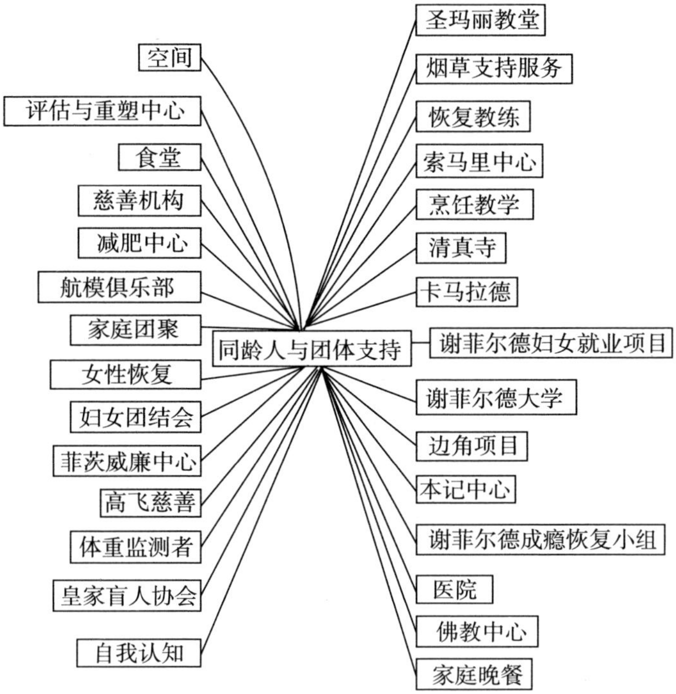


**图 6.3　同伴与社区资产**

图 6.3 中确定的资产非常多样化，从大多数社区都拥有的，如恢复支持服务和恢复社区团体，到一个社区可能特有的更多样化的团体和活动。同样，假设并非所有资产都能为所有客户所用（如有几个仅限女性的群体），而是每项资产至少在一些早期恢复的人的恢复途径中发挥潜在作用，那么所有这些都有助于在集体层面建立恢复社区的社区资本中。可能也有一些宗教组织（教堂、清真寺），这有两方面影响：第一，他们可能有团体或活动可以帮助人们恢复；第二，精神和宗教活动对许多人来说可能是恢复的重要组成部分（White，2009）。在某些环境中，可以将它们列为单独的恢复资源类别，这由群组的偏好决定。最后一组资源与教育和就业相关，如图 6.4 所示。

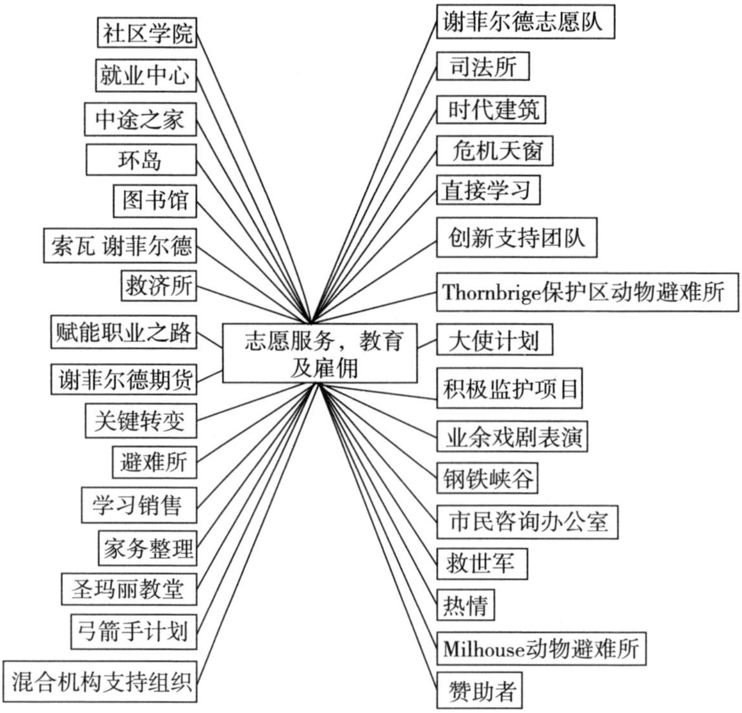


**图 6.4**

如已经讨论的类别，图 6.4 所示是更明显的资源，如当地大学、培训供应商和就业中心，但也有多种其他组织，可以帮助人们进行技能建设，如育儿和动物保护，提供了丰富多样的恢复路径，有望激发连接者和客户的想象力。这里再次列出了一些精神组织，如教会和救世军，因为他们可以提供志愿服务的机会并获得社区资源和社区资本。

对于停止和恢复来说，有一个有意义的职业，赚取金钱以及获得自豪感和自我价值是恢复的重要预测因素（如 Cano et al.，2017），同时可以防止复发和再犯的心理障碍（Moos 称其为行为经济学，2007）。其作为一种非正式的社会控制形式（Laub and Sampson，2003），通过让人们回到传统群体和活动中，来支持其恢复和重新融入。我们承认，对于许多有成瘾史的人来说，获得期待的职业存在障碍和挑战，包括中断的工作历史和犯罪记录，因此图 6.4 中列出的选项包括一些早期步骤（志愿服务和大学课程），这让人们在就业市场更有吸引力。

第五阶段：成为一个连接者，把连接者发展成为一个资产

虽然招募到的谢菲尔德社区连接者项目的 21 名导航者/连接者已经拥有不同的技能和资产，但为了给首次进行恢复的人提供积极支持，还需要完成以下三项任务：

一是确保确定的资产清单是可行的，并确保与它们的联系是积极的和现实可用的。在这里，外展和内延的模式都可以，这取决于能否帮助巩固和建立可持续途径，并确保选择获取该资产的客户得到积极接待的团体。

二是确定一套规则和协议，以确保连接者/导航者的安全，并在一致和透明的指南下操作。这也有助于该模式的可持续性，并有助于确保连接者和他们接洽的团体保持一致并在商定的边界和参数内。

三是共同努力，确定他们自己的发展和支持需求，并确保这对参与者来说是一种积极的体验。所有参与者都认为自己可以从参与中受益，这对该方法的有效性至关重要。我们向连接者明确了，他们的发展和成长，包括在作为新资产的团体和更集体化的恢复社区中，都是该项目的核心目标。

连接者各有不同，而且人们确实认识到，作为一个由专业人士、同伴、家庭成员和社区志愿者组成的联盟，他们来自不同的地方，拥有不同的资源和支持以及发展需求。虽然该小组就恢复导航者的理想特点做了一些工作，并列出了一系列技能和特质，如坚韧、有精力、热情和良好的社交和支持技能，但重点是他们的集体知识和技能，而不是他们的个人特质；其目的是确保他们得到所需的支持，使他们能够共同工作，相互支持，并认可对相互合作和相互支持的承诺。

至关重要的是，他们还合作开发识别和支持机制，这些机制具有临床监督的一些特征，但更多的是以同伴模式为基础。这不仅旨在支持连接者，而且旨在确保过程的一致性，并为那些参与其中的人提供简单的指导和规范。该项目的重点是要培养一批连接者，不仅让他们成为连接社区资

源的桥梁，而且支持和确保他们的幸福安康，以及在适当情况下他们自己的恢复资源和恢复需要。这些连接者旨在成为一个由恢复同伴、专业人士和其他社区成员（如家庭成员）组成的“联盟”的主要原因之一是确保他们可以利用各种资产和技能，同时他们可以互相支持，创建新的联系和社区资源。

## 项目的实施和推进

连接者小组多次召开会议，就沟通等过程以及与矫治对象接洽的方案进行协商，直至他们认为做好了积极招募矫治对象的准备。该项目的矫治群体是一群处于早期恢复阶段的人。这次，随着该项目的消息延伸到社区，我们还扩大了治疗提供群体，纳入了一个国家社区治疗提供者（Addaction）和当地寄宿恢复服务机构（Phoenix Futures）。然后联系了各个机构，鼓励他们确定适当的矫治对象——他们要么正在准备重返社区（如寄宿服务），要么正在过渡到治疗服务中以恢复为导向的部分。该活动收录标准是，矫治对象是首次进行恢复，并且热衷于改善他们社区参与。

第六阶段：积极招募首次进行恢复的矫治对象

值得注意的是，尽管在培训和吸引一群充满魅力、动力且熟练的导航者/连接者方面，我们很成功，但在吸引首次进行恢复的客户参与这个项目方面，我们遇到了更多问题。我们从 5 家机构招募了 17 个客户：SASS（n =5）、Phoenix Futures（n =5）、SHSC（n =4）、Drink Wise Age Well（n =2）和 Addaction（n =1）。他们都是英国白人，其中 5 名女性，12 名男性。NHS 服务存在一些特别的问题，即与客户关于项目的沟通极其有限。我们使用 REC－CAP（Cano et al.，2017）提出的方法，来测量恢复强度和检查恢复途径的障碍。

数据分析显示，福祉和恢复资本呈不同水平（以低到高刻度范围表示）：

• 福祉：在 0 ~ 100 分的尺度上，平均得分为 61.5 分，其中更高的分数代表了积极的幸福健康状况。与其他人群（如恢复住宅的矫治对象，Cano et al.，2017）相比，这些人的评分较低，意味着幸福健康水平较差。

• 个人恢复资本：在 0 ~ 25 分的尺度上，平均得分为 12.6 分。这些分数都非常低，与戒酒恢复社区（ARC；Groshkova et al.，2012）测试的原始恢复人群和恢复住宅的美国人口相比（Cano et al.，2017），其代表了较低的恢复资本水平。

• 社会恢复资本：在 0 ~ 25 分的尺度上，平均得分为 12.8 分。与个人资本评分一样，这些评分明显低于比较组，这表明其社交网络和参与度很差，也表明在支持他们的恢复途径和旅程方面需要做很多工作。这也将意味着，尽管样本评分很低，但它确实成功地招募到了一个非常需要改善其社区参与的群体。

小组和服务参与报告如下：8 名参与者参与了"其他社区恢复小组"；7 个参与同伴支持小组；5 个参与在线小组；还有 1 个参与 12 步小组。相比之下，有 8 人接受了戒毒治疗服务机构的支持；12 人接受了戒酒治疗服务机构的支持，15 人接受了初级保健服务。这表明，接受急症护理服务的人要比参与恢复团体及服务的人多得多，潜在的恢复模式的核心目标之一是帮助人们转向不是完全由专业驱动、更多的是以同伴和社区为中心的活动和群体。

由于留住客户所面临的组织方面的挑战以及资金所导致的时间不足问题，我们无法为所有新招募的人员提供后续的 REC – CAP 数据。然而，几个客户的案例研究和他们的报告出现了重大的变化，并强烈支持干预。客户称，这对他们的社会福祉和恢复产生了积极的影响。对一些人来说，它提供了一个尝试新事物和认识新朋友的机会，这在与他们的社区连接者联系之前是很困难的。从社会资本的角度来看，有证据表明，联结资本（在连接者团体内部）和桥接资本（改善的社交网络及同更广泛的社区的接触上）都获得了增长，其中一些联系在项目结束之后仍在延续。

## 案例研究及其影响

以下三个案例研究来自该小组向健康基金会提交的最终报告，说明了该项目的益处。为了保护这两个参与者的身份隐私，案例中更改了这两个参与者的名字。

**案例 1**

女性，27 岁

第一次见面：2017 年 4 月 3 日

苏珊没有预约就走进当地服务机构 ARC。之前，在有其他药物滥用问题时，她曾在 SHSC 治疗服务机构获取支持，但现在她觉得她在用酒精弥补她戒瘾的损失，并开始失去对饮酒的控制了。

起初，她并没有表现出多少改变饮酒情况的动机，但在与 ARC 支持人员一起审查了她的恢复资产后，发现在晚上许多支持服务都关闭时，她会很痛苦。ARC 的工作人员建议她在晚上去一些支持小组，这是她最焦虑和担忧的时候。苏珊非常想去参加小组会面，尤其是一个她从未参加过的。当提出她可以参加在线支持团体 Soberistas 时，她感觉无法通过电脑获取益处。此时，工作人员认为 REC – CONNECT 项目能发挥作用了。

ARC 团队的社区连接者坐下来，通过 REC – CAP 来确定参加哪种类型的会议对她最有帮助。连接者已经在这个领域有了联系，所以能够安排其与匿名戒酒协会的一个女性成员的会面，这是连接者信任的人，能确保苏珊是受欢迎的。

苏珊去见了匿名戒酒协会成员，该成员现在已经成为苏珊的保证人，正在带苏珊在一个她觉得友好和安全的环境下完成恢复计划。苏珊继续进行恢复，对于生活发生的改变，以及在恢复中继续发生的改变，都让她感到难以置信。

**案例 2**

男性，38 岁

第一次见面：2017 年 3 月 17 日

约翰正在努力保持房子的整洁，但他自己在家里待了很长一段时间了。他将孤立和不愉快的环境描述为他饮酒的重要因素：用酒精来帮助他减少焦虑，帮助他社交。他觉得，找到某种能让他走出家门的业余爱好，以及在不喝酒的环境中与人见面，将有助于他减少饮酒。他对散步特别感兴趣。

社区连接者帮助约翰与谢菲尔德当地的一个步行团体取得了联系。然而，约翰未能开启计划的小组散步，但一直保持着兴趣并与组长保持联系。与此同时，社区连接者将当地的一项翻新改造恢复活动介绍给了约翰，该活动叫作“白手起家”，是关于翻新家具和家庭物品的。这对约翰来说是完美的，因为活动有重点，也有以压力较小的方式社交的机会。他的饮酒量减少了一半，在其他人身边似乎也不那么紧张了。他还利用自己对回收的新热情来解决自己家的问题。

这两个案例研究表明，客户和连接者之间的关系，以及连接者能为客户提供的社区资源的多样性都很重要。第一个案例研究还表明，这种关系和联系对个人资本的影响。换句话说，与导航者的联系所提供的社会资本自行建立了恢复资源，以及通过联系过程所获得的益处。就苏珊而言，这是关于建立自信和幸福感的。

在第三个案例研究中，对福祉和生活质量都有着非常明显的影响。

**案例 3**

女性，55 岁

REC－CAP 基准日：2017 年 3 月 29 日

夏洛特因酗酒身体出现了严重问题，这些情况一直存在。几年前，她住院七周，此后就再也没有酗过酒。然而，由于身体上的限制，她很痛苦。她需要依靠轮椅或站立架四处走动，基本上处于居家状态，因而出现了被社会孤立的感觉。一个 Drink Wise Age Wise（DWAW）的工作人员邀请她参观他们的项目，接她参加第一次会议，将她介绍给她的社区连接者。起初，她对要完成的 REC－CAP 有所怀疑，但后来开始参与活动和一个恢复小组且在自己完成后续工作时，她感觉好多了，从而变得更热情了。

夏洛特说，她现在“感觉好多了”，很享受恢复团体的“不同氛围”，她形容恢复团体“就像家人一样”。她有一个有爱心的、体贴的儿子，但彼此需要更多沟通。她参加互助小组会议，并完成团队工作——拼拼图，制作珠宝、蜡烛和其他工艺品。尽管有身体方面的限制，她还是同团队一起去了水族馆，在我们谈话后的第二天就预定去游览野生动物园，但由于她的狗病得严重，不得不取消。她每两周去一次 DWAW，她说她可以打包行李住在那里。夏洛特哈哈笑着说：“当我去 DWAW 的时候，我就放开了！”

这是作为连接模式核心的动态过程的关键。对于那些缺乏社会资本的人（亲社会网络和由此产生的活动）来说，至少部分原因是缺乏个人资本（自信、自我效能感和沟通技巧），从而才去联系模式试图启动一个变革的过程。对于夏洛特来说，最初与连接者的积极联系产生了足够的社会资本，使她能够建立信任和信念积极参与一个团体活动，进而进行更多活动，从而达到一种社会治疗，直至现在她有更广泛的支持网络和一系列的活动和社交网络，能让她感到安全和舒适。

这三个案例研究都基于相同的前提—— 一个好的连接者可以与客户建立个人联系，并在他们的关系中建立信任和热情，作为有效联系的基础。在此基础上，人们可以被说服（基于所产生的信任）冒险去做一些他们以前没有考虑过的事情——但不是任意的事情，而是一些与他们的兴趣和喜好相匹配的事情。这就是这个模式的目的：通过基于关系的方式激励人们建立一个个人、社会和社区资本的“良性循环”，让他们能够发展和成长。

他们从事新的活动，从而认识新朋友，并有机会发展新的社交网络和身份，建立连接社区资产的桥梁。

虽然有效参与和随访的人数太少，无法系统地评估福祉的变化，但该项目的总体影响是积极的，有周期性和互惠增长的双重过程。

良性循环 1：客户发展和恢复——如前面三个案例研究所述，有明确证据表明，刺激社会资本最初可以产生社区资本（通过积极联系外部资产），然后产生个人资本（通过对福祉、归属感和联系的影响，构成良性循环 1）。

良性循环 2：这个项目还有第二种益处——这个循环的中心是通过建立联系的过程（通过联结、桥接和连接资本）受益的客户。在第二层级，在项目中担任连接者/导航者的同伴志愿者和专业人员之间的伙伴关系不断发展。他们还发展了新的联系和联盟，不仅可以让他们支持项目中的客户，而且还可以改善他们自己的桥接和连接型社会资本。在第三层级，该项目增进了参与组织之间的信任和合作，他们的合作更加密切。在客户层面上，这三层彼此相关，其中一层的发展会促使推动另两层的发展。这里要提出的论点是，这为改变创造了一个治疗性的环境。下一节将提出的论点是，这来自社区资产的共同所有权或协同作业。此外，这里描述的两个层次是动态联系的，如此，组织的发展增加了客户发展的可能性。

## 协同作业的恢复系统

在概述以恢复为导向的护理系统的关键原则时，希迪和惠特（Sheedy and Whitter，2009）明确表示，需要有一个从专家—病人模式到伙伴关系方式的转变，变革的地点是社区，而不是诊所或医院。协同作业法重要的是模糊用户和专业人员之间的界限（Nutbrown et al.，2015）；帕斯托弗和同事（Pestoff et al.，2010）概述了人们愿意参与合作的三个关键动机：自我利益、公民义务和对一个协同作业的社会群体的归属。这个模式是一种非常适合的恢复方法，所有权不仅共享，且这种共享是一种信任和赋权的行为，赋予人以尊严和尊重，但由于各种污名化和排斥，这在过去常常是不可能的。虽然以同伴为基础的戒毒和戒酒治疗方法已成为更正式、医学驱动的治疗途径的一部分，但这并不总是在一个积极参与和赋权的框架内。而至关重要的是，它并不总是涉及知识或权力的分享。

使 REC－CONNECT 方案与协同作业实践发生关系的是召集专业人士和恢复同伴，进行主动联系和 ABCD 映射的培训，支持和发展一个“混合”社区连接者群体，并评估其对目标人群福祉的影响。一旦解释了每种方法的基本原则，并解释了理论和基本原理，其过程和实施的关键决策将由小组来做。换句话说，这种模式较之前 ABCD 方案的独特之处在于，它的目标是在所有参与者（包括专业人士和服务用户）中建立社区参与，并期望通过社区产生涟漪效应。从一开始其目标就是超越基础研究模式，纳入一种“传承”方法，该方法涉及赋权个体参与者，而且同样重要的是这群连接者/导航者在发展和建设自己角色和活动，以及他们在当地社区中的地位方面发挥着作用，而这整个过程将丰富社区，使其更加富有参与性和包容性。

这是可行的，因为该项目在每个推行阶段都将协同作业作为核心部分，其依据是联盟的方法：在最终招募的 21 名社区连接者中，7 名是 NHS 工作人员，7 名是志愿部门工作人员，7 名是恢复人员（没有对工作人员的恢复状况进行调查）。几乎没有证据表明群体内的专业人士以及服务用户存在污名或排斥的情况，群体联合以及承认群体内技能的多样性是建立群体规范和价值观过程的重要组成部分。

来自参与者的宝贵反馈包括该项目成功连接了以前孤立的机构和组织。项目团队内部形成或加强的关系以及研究人员、专业人员和同伴驱动的服务之间的紧密联系是项目的成功所在，也是其可持续发展的关键。该项目建立了一个协同生产的伙伴关系，包括法定组织和非政府组织，与当地一所大学进行战略层面合作，并让一群既是专业人士也是志愿者的人一起工作，基于此产生并联系到社区资源。

协同生产方法的成功也有其局限性——尽管许多连接者/导航者参加了有关该工作成果的演示和传播，但最终项目资金由参与组织负责，学术产出很大程度上是由大学推动引导的。这个组织最终负责确保在有限的时间内资金得到有意义的应用。该项目并没有将参与者视为“弱势”或被排斥的群体，而基于优势的模式在不同层级对其实现包容和参与。

## 总结与讨论

协同作业的目的是赋权和丰富，可以以社会和社区资本增长的形式转化为资本语言。项目能够证明的是，在谢菲尔德地区有丰富多样的资产，但更重要的是，无论是从事戒毒和戒酒服务的人还是完成戒瘾的人和志愿者都能获取和参与。所以这个项目成功地回答了两个问题：第一，是的，社区中有可用的资源；第二，是的，通过一群连接者可以获取这些服务。与罪犯家属的经历相比，连接者/导航者群体有强大的现有网络和社区资本。

该项目在谢菲尔德市开展，那里已经有一个完善的恢复社区，这里的一些积极经验，可能在其他地方不太容易复制，因为那些地方并没有这样一个社区。然而，同样值得注意的是，由于这是一个示范项目，所有资产都在短时间内获得，不超过一个月，而在实际实践中，连接者和导航员的招募将是一个不断进行的过程，并且在加强通往现有资源桥梁的同时，也将不断搭建通往新的社区资源的桥梁。

同样重要的是，要认可并确认该项目的关键传承元素之一是设置一批导航者/连接者，作为一个团结统一的小组不断向前推进。正如前面所强调的，连接者模式不仅关乎结果，也关乎过程。建立一个团结的连接者网络，使连接者们与团队保持一致，并以此为傲，产生积极的认同感，这是这项工作的重要组成部分，也是一项关键发现。从恢复研究的角度来看，这也有重要的意义。虽然汉弗莱斯和李贝克（Humphreys and Lembke，2013）明确表示，同伴提供的干预有强有力的证据基础，但我们对专业人士、同伴和其他社区成员组成的联盟在建立伙伴关系和资源来支持恢复途径方面的重要性要了解的少得多。

当前项目所证明的不仅是这个模式的可行性，而且是它所带来的附加价值。就克里斯塔基斯和福勒（Christakis and Fowler，2010）的社会传播方法而言，如果是封闭群体，并且新的流行行为只来自一个群体，特别是如果该群体被边缘化和排斥的话，传播的可能性就很小了。在这种情况下，不同类型成员组成的联盟的意义在于，使团体能够从不同的网络和不同的社区环境，获取不同的社区资源。此外，还有从新团体中可以获得的集体能量，以及它们能够以明确和积极的信息传播包容性的态度和做法，从而影响多个网络的能力。

这是一个需要大量研究和政策关注的领域，与我们想要从志愿者和“支持者”身上得到什么有关。内政部（2010）明确表示，倡导者和拥护者在开发一个恢复为导向的护理系统方面发挥着至关重要的作用，但很少有说到这在实践中如何开展或作为一个职业选择这对人们意味着什么，或他们作为此过程的一部分会获得什么保护和支持。同伴包容是希望的社会传播的一个重要组成部分，有必要建立需求和支持系统，以促进这一模式，并确保同伴支持者能够在适当的指导和帮助下蓬勃发展。

联盟的方法建议，不同的团体进行合作：正在恢复的人、那些感觉自己已经完成了恢复旅程的人、家庭成员、专业人员、政策制定者和研究人员，以及他们感兴趣的领域与药物滥用无关的社区积极人士。这个模式背后的想法很简单——恢复状态并不重要，但多样性是群体目标的核心，同样是拥有一系列技能（个人资本）和一系列参与和联系（社会资本）的核心，其可以在团体之间共享，以增加项目的整体规模和范围。然而，还有一个发展组成部分，可以使该团体为志愿者和支持者提供网络建设的机会，并且在连接者群体内提供重要形式的桥接资本。这就是为什么连接者/导航者本身被视为一种重要的新兴资产，但不是静态资产，而是在项目过程中并有希望在项目完成后增长和发展的资产的原因。通过这种方式，人们希望，参与这样一个联盟，不仅能向参与其中的人灌输帮手原则的好处，而且能使所有参与者都能实现良性循环。

然而，面临的挑战始终是持续性的，这与资源和资金问题之间也有联系。虽然外部资助者健康基金会在促进和支持该项目方面力度大且灵活，但影响当地利益相关者在最初阶段之后投资的能力要低得多。我们无法建立多机构伙伴关系来创造当地的资金来源使项目发展，使其活动和成功成为嵌入当地服务的常规实践。这仍然是最终目标——实现连接者模式的主流化，从而对社区福祉产生长期影响，嵌入并利用社区连接过程，从根本上永久地改变社区。

## 本章重点

• 有效的社区伙伴关系的基本原理是一个自上而下的过程，它与自下而上的过程相结合，以确保一个以社区一级的努力和参与为指导的战略计划。

• 该模式的发展在三个层面创造了新的机会——在组织和管理层面；在团队和工作人员层面（改进机构间的工作）；以及在个人层面。一个层面的受益将使该模式中的其他层面也同样受益。

• 识别和招募一组多样的连接者可以获取广泛和多样化的当地社区资产（在谢菲尔德项目中确定了 134 项资产），这种丰富性和多样性将随着连接者联盟的合作而增长，他们的团队也将成为一种新的资产。

• 在培训连接者的一个月内，他们会建立支持有效社区参与的规则和流程，并开始招募首次进行恢复、尝试该计划的矫治对象，这些规则有助于指导他们的工作，并在他们进行外部联系时予以支持。

• 该项目存在强烈的协同作业意识，志愿者和服务用户积极参与项目开发，共享所有权是该项目成功的关键。

●在个体客户层面，专业人士、专业团体以及组织之间建立了强大、可持续的联盟，产生了新的联系和新形式的连接型资本。

●虽然我们很难保留结果样本，但仍在那里的参与者清楚地证明了，这种联系改善了个人和社会资本以及社区参与，个案研究报告显示，其实现了巨大成功。

●总的来说，该项目展示了联盟工作的可行性以及在志愿者、专业人员和社区之间建立伙伴关系的好处。

# 第七章　可见和可利用的恢复社区

在本章中，我将重点关注一个组织，“双重影响”，它对我关于如何提供恢复支持的想法产生了深远影响。它通过以教育为基础的社区参与，在诺丁汉和当地建立了一个“轴辐式”的可见恢复模式。这个模式对我来说特别重要的是：该组织如何与多层社区资本合作，以建立社会资本和恢复资本。本章首先概述该组织的历史，在思考它建立的概念原则后，会提供一些证据和重要的证明，说明为什么这是一个强大的模式以及在实施中进行了哪些工作。本章还对这种方法相关的一些挑战进行了思考。这一章的不同寻常之处在于，它依靠工作人员和矫治对象的证词来描述一项服务的独特特征，而这项服务造就了一个长期的恢复中心和希望的社会传播的基础。

## 双重影响的历史与背景

双重影响由托尼・赫伯特（Tony Herbert）于 1998 年创立，因此现已运营了二十多年。起初它与当地一所社区学院（人民学院）合作，支持恢复中的吸毒者和酗酒者，其总部最初设在诺丁汉的基督教青年会。最初的资金部分来自欧洲社会基金，还有一部分资金与意大利、西班牙和爱尔兰共和国服务机构的合作有关。在接下来的十年中，其服务范围不断扩大，地理覆盖范围也扩大到诺丁汉市以外和诺丁汉郡，但该组织保留了其重点内容，即帮助恢复中的人们接受教育并就业。到 2006 年，双重影响开始发展其在全国的影响力，其重点是通过各种服务用户的个人发展计划的使用情况来确定有效护理的关键因素。人们一直关注由职业发展模式和个人发展规划所维持的个人恢复途径。

随着 2011 年双重影响志愿服务研究院和 2014 年第一所恢复研究院的成立，其势头继续增长，目的是发展诺丁汉郡的同伴指导。这是目前双重影响提供的 17 项教育干预措施或活动之一。然而，随着索巴咖啡馆（位于诺丁汉中心的无酒精咖啡馆和社交空间）的开业——咖啡馆上方有办公室和团体室——出现了一个有形的和可见的恢复中心。其活动包括专门针对恢复社区的“恢复星期一”，但也有许多音乐和喜剧活动，针对更广泛的社区团体和社交网络，该模式以积极的社区参与为基础。通过这种方式，索巴咖啡馆以及更广泛地说，双重影响，将支持恢复社区内的联结型资本的目标与创造桥接和连接型资本机会的目标相结合。

虽然会面室的使用者有一些当地恢复团体，如 AA 和 NA，但咖啡馆并非仅仅面向恢复中的人们开放；诺丁汉市中心的很多购物者也会来这里，并且这里也为想要避免额外支出的人们在晚上提供了一个安全的空间。值得注意的是，诺丁汉的许多组织也在这里召开会议并组织活动，如诺丁汉特伦特大学、社区商会、艾米·怀恩豪斯基金会、王子信托、回放戏剧集团和圣尼克教堂，它已成为一个吸引各种社区活动的场所。同样重要的是，在第一年里，有 31 名恢复人员自愿来到这里工作，7 场家庭活动在这里举办，311 名恢复人员参加了在索巴咖啡馆举行的社交活动。这也是第一次恢复精神奖活动的举办地点，现在这项活动每年都会举行。这一活动与庆祝恢复的观点相一致，即庆祝恢复应该是一种公开的认可和祝贺行为，以建立恢复的可见性和可及性。

双重影响模式的核心是基于同伴的恢复支持，以及教育和个人发展成长的重要性的双重轨道。然而，双重影响一直努力积极联系一系列的利益相关者和社区团体，一方面，为客户和学生提供机会；另一方面，在其所在地区挑战污名并积极参与社区福祉和社区发展活动。通过这种方式，双重影响并不仅仅致力于任何单一的恢复理念或途径，而是创造了一个综合体来支持个性化的旅程和积极改变的途径。

在本章中，我将使用双重影响主要工作人员的采访数据，以及对长期恢复者的案例研究这是因为，他们以一种或另一种身份与该服务有持续接触。然而，在开始描述双重影响进行的工作之前，将简要回顾关键概念问题，为恢复问题提供框架，以下这些问题借助此模型可得到部分解决：

1. 如何从社会和社区参与中建设恢复资本？

2. 为什么同伴在重新融入和积极参与社区的过程中扮演如此核心的作用？

3. 教育工作如何补充基于同伴的个人和社会恢复资本建设？

## 双重影响如何帮助我们理解恢复模式

### 建设可持续的恢复资本

双重影响建立的可持续恢复途径的方法，与 JFH 有一些有趣的相似之处，同时有助于当地社区的整体福祉，特别是在诺丁汉。双重影响一直重点强调伙伴关系：与资助者、教育提供者、治疗服务机构，也与包括当地商界在内的更多样化的社区成员群体合作。一定程度上正是由于此，诺丁汉建筑协会才会支持索巴咖啡馆，会议室以及上面的办公空间的建设，恢复精神奖才成为可能（公园广场酒店免费为活动提供了场地和餐饮，2008）。这是至关重要的，不仅因为它提供了急需的资源，还因为它在非政府组织或治疗部门之外产生了联系和信誉，并有助于建立有意义和可持续的伙伴关系。这类似于 JFH 的方法，建立与专业团体的联系，直接为组织获取资源，也为客户创建通向社区资本的途径，这对他们来说，也是恢复途径的一部分。

因此，第一个关键的经验是关于社会资本以及与多种人群的有效接触的重要性，每种人群都有机会获得不同类型的资产（资金、信息、人力等）。阿德勒（Adler，2002: 23）将社会资本定义为“个人或团体可享有的信誉，其来源于行为者的社会关系的结构和内容，它的影响源于它提供给行为者的信息、影响和团结性”。重要的是，帕特南（Putnam，2000）在《独打保龄球》中声称，帮助创造资本的不是直接的关系网，而是朋友的朋友，在这一点上，其与社会传播的想法有最明显的联系。在当前背景下，这意味着难以获得社会支持的人们可以通过双重影响这一组织，以及在更个人的层面上，通过同伴指导者，获得不同的积极资源来支持恢复途径，这有助于希望和赋权，以及恢复旅程所需的实际支持的发展。

正如福山（Fukuyama，2001: 8）所指出的那样：

> 所有包含社会资本的团体都有一定的信任半径，也就是合作规范适用的圈子。如果一个群体的社会资本产生了正外部性，那么信任的半径可以大于群体本身。

对于双重影响来说，信任的直接半径体现在群体中，实际上嵌入在索巴咖啡馆中，但通过与合作伙伴的接触进行辐射和渗透，这些合作伙伴可以获得更多样化的成员身份以及随之而来的当地社区多样化的资源。这在社会资本理论中至关重要，因为科尔曼（Coleman，1988）认为，糟糕的社区结构意味着获得社会资本难度极大，特别是对那些被边缘化或排斥的人来说，比如双重影响的大多数客户群体。在实践中，双重影响旨在创建一个信任半径，包含一系列外部合作伙伴，提供社会资本和社区资源支持人们的恢复旅程，这些人失去了或从来没有足够的社会和社区资本，来维持他们的恢复以及充实有意义的生活。贯穿这本书的论点是，获取这些社会和社区资源可以创造建立个人资本所需的空间和支持：适应力、应对技能、希望和自我效能感等，这将使恢复和重新融入变成一件自我维持的事情。

双重影响的分析可以回答的关键问题之一是同伴在这一过程中的角色。与许多恢复组织一样，员工和双重影响的管理人员中有相当多的鲜活经验，同伴支持和同伴指导对组织的运作方式至关重要。这渗透到了富有同情心和同理心的组织文化中，而这是产生前述的信任半径的核心。

如汉弗莱斯和李贝克（Humphreys and Lembke，2013）总结的那样，基于同伴的干预是关于恢复的支持性证据库的关键，并且怀特（White，2009）进一步表明，恢复的社会传播依赖于同伴的作用，而恢复的支持者可以被描述为“恢复的载体”。这种传播的观念对于各种合作伙伴在恢复联盟中扮演重要角色的想法十分重要——专业人士、朋友和家人、社区代表和社区成员，但恢复中的其他人有着不同的角色。正如穆斯（Moos，2007）所主张的，同伴拥护者有两个重要的社会角色，既为如何恢复提供范例，也为学习恢复中的价值观、规范和信仰提供支持和指导。

这是 12 步团体有效性的核心，其支持的想法是基于这样的观点：让更有经验的成员发挥榜样和指导作用，并且指导者自己的成长和发展也是这个过程的一部分。然而，与 12 步团体的匿名性相反，如索巴咖啡馆这样的恢复中心极具标志性且易进入，以确保能吸引人们积极参与，并且有效和集体恢复的示范对传播恢复思想和信念十分重要。这些目标没有什么不相容的——人们甚至可以参加在索巴咖啡馆上方的双重影响大楼举行的 12 步会议，并且他们可以选择是否让别人知晓他们的恢复。正如我们在关于 JFH 的章节中所看到的，使恢复项目可见和可获取的目的是基于社会传播的概念，庆祝成功和成就将使这段旅程对随后的每一个群体和每一代人逐渐变得更容易。随着成功恢复故事的激增，它们变得更加明显和正常化，并为那些努力实现这一转变的人，以及那些可能质疑恢复是否可能的人开辟了一条途径。

此外，该中心还为“恢复治疗景观”创造了条件（Wilton and DeVerteuil，2006）。基于在加州一个叫圣佩德罗小镇的工作，作者证明，一个可见的恢复社区的发展不仅可以提高该社区的联结型社会资本，而且能拥有更多的桥接型资本，从而与更广泛的社区建立联系，挑战耻辱和排斥。通过在诺丁汉中心提供一个安全的无酒精和无毒品空间，咖啡馆索巴创造了一个空间，该空间不仅促进恢复社区内增加联系，而且为需要的人提供了一个通向恢复的、有吸引力的、可及的窗口，由此人们可以接触到更广阔的社区；通过在一系列当地团体和个人，以及一种吸引人的和可获得的恢复形式之间建立桥梁，新群体和人们能够了解到并且接触到恢复。其基本目标之一是挑战污名化和排斥。根据世界卫生组织（2001）的数据，吸毒是世界上最受污名化的健康状况，酒精排名第四，因为公众有着刻板消极的观点：认为吸毒的人缺乏自律和意志力（Jones et al.，2010）；“肮脏”以及对自己和他人不尊重（Sloan，2012；参见 Hughes，1999）。公众和污名化群体之间接触的增加通常会导致耻辱感的减少。然而，同样重要的是，它为促进桥接型恢复资本以及为支持更广泛的关于恢复的社会正义价值观作为社会变革运动创造了一个安全的空间。

位于诺丁汉的中心索巴咖啡馆被设计得极具吸引力：这里有舞台空间，晚上经常用于举办音乐会和其他公共活动，旨在为恢复中的人提供社交活动，也为寻找安全社交空间的非恢复人群提供社交活动。这是一个治疗景观的环境，恢复巧妙地融进了咖啡馆的标志和符号中，恢复无处不在，但并没有侵扰到那些可能不知道其来源的顾客。这也为恢复者提供了一套结构化的社会活动，让其得以从事积极和亲社会的活动，而不受酒精的威胁和诱惑。

这家咖啡馆实际上是恢复中心的“前场”，恢复中心也围绕教育在恢复中的重要性形成了强大的传统。这把我们带到了下一个关于双重影响的关键主题和问题，其与教育的作用有关。在怀特（White，1996）的重要文本《从成瘾文化到恢复文化的途径》中，其讨论了向恢复的过渡，这涉及多个行动区域。他确定的五个区域是身体、心理、精神、生活方式和关系。每一个问题都涉及对整体的探索和对个人价值的重建。对许多人来说，这将需要一段时间的探索和个人重新定义，其中一个关键领域就包括教育和“自我改进”。

最近的一份报告（Clinks and Social Firms UK，2014）调查了那些创办过企业且有过违法经历的人，思考他们的知识如何能告知和帮助他人创造自己的就业机会。该报告指出了一些障碍，包括缺乏正式资格、识字和计算困难，以及缺乏工作经验。在接下来的章节中，在从此工作中得出一些主题和结论之前，我总结了与一些双重影响（DI）工作人员会面的采访材料以及案例研究。

## 关于双重影响工作的员工采访

我非常感谢一些员工和经理的时间和投入，他们非常支持这个项目和我的工作，下一节的内容是他们在 DI 工作的看法和经历的总结。

### 一、索巴咖啡馆

咖啡馆的经理认为：

> 索巴受益于恢复志愿者，他们有一个小团队无偿支持这里的运营，更重要的是，提供了与恢复社区的直接人际联系。他们还从鲜活经验的角度而不是理论角度，告知尚未开展恢复工作的团队关于恢复社区的信息。这也提供了与发生在索巴的恢复事件直接相关的积极联系，从而告知它们的发展情况。

从早期恢复到志愿活动，然后是咖啡馆的有偿工作，有一条明确的途径，而其作为当地的恢复中心，仅仅是去那里，就有机会积极参与到恢复社区的不同方面。咖啡馆的经理接着说，“我知道有四名志愿者在索巴全职和兼职工作”，这意味着这是一条通往就业以及社会和社区参与的途径。这种情况可能会发生，是因为它从一开始就试图协调其恢复中心和成功商店的角色。正如DI的一名高级经理所说的那样：

> “随着时间的推移，它已经成为一个中心——一段时间后——它不再仅仅是一个恢复中心——它成为一个商业街门店——艰难地将其恢复中心的身份和产生足够的收入继续运营融合起来。其恢复中心的身份是慢慢出现的——从第一天开始就有可供MA团体使用的空间，——AA的会议在这里举行的那天开始。”

在另一种意义上，索巴咖啡馆提供了这两种功能结合起来的机会。其中一位高级管理人员继续提道：

> “咖啡馆已经成为社交活动的场所，围绕着每周的常规活动——‘会议后的会面’——会议之后的社会支持。这时，新来者聚在一起，讨论会议外面发生的事情，建立友谊，彼此熟悉。星期天，有两次会议，星期五，有两次会议。”

这样，就生成了一个正式恢复团体的结构，有空间和地点来提供必要的社会参与机会以建立关系，以及支持恢复旅程和途径所必需的社会资本。正如一位高级管理人员所说，这不仅是在恢复社区内建立联系，也是建立通向更广泛社会团体的桥梁：

> “我们努力为恢复中的人提供社交活动，让恢复中的每一个人都能参与，朋友、家人——定期的恢复活动——现场音乐、喜剧、现场诗歌、开放麦克风之类——不是所有的人都在进行恢复，但有相当一部分是。”

另一位高级经理报告说：

“在当地和更远地区，索巴咖啡馆对双重影响的形象和信誉的提高发挥着出色作用。我认为人们对双重影响的看法已经变了，在某种程度上它给了我们更多的可信度和实质内容。因为我们在市中心建立了一个引人注目的场地，以专业的方式运营，很难不令人印象深刻！来自全国各地的人联系我们，想过来参观，在某种程度上他们认为咖啡馆和双重影响是最佳的实践范例，他们渴望在当地也能有这样的地方。同样，双重影响也能够将索巴咖啡馆作为我们的‘商店橱窗’，在这里，我们与专员以及国家戒毒和戒酒治疗提供者举行了多次会议。”

从这个意义上说，咖啡馆已经成为一个清晰的恢复灯塔，不仅在诺丁汉建立了恢复资源，它也成了一个范例，示范如何展示恢复，让更多的团体、组织和个人知晓及接触。然而，重点仍然是其持续性，经理史蒂夫·尤戴尔（Stephen Youdell）继续说：

“首先，索巴咖啡馆必须是一家自给自足的企业，必须在竞争激烈的市场中竞争。尽管如此，我们还是利用索巴咖啡馆的网络形象来推动与双重影响的对话和我们所做的工作。”

史蒂夫也非常清楚，这样做，它已经成为恢复社区的一个重要和可持续的中心。

“当地 AA 协会每周在咖啡馆的会议室里召开六次会议。这使一个可见的恢复社区在那里建立，反过来这又将双重影响的工作介绍给了更多的恢复社区，这不仅使我们的服务获得了推荐，也使更多的人志愿参与双重影响的工作。索巴咖啡馆也成为许多其他社区团体定期使用的场地，这不仅有助于打破污名，也提高了我们工作的知名度和我们服务面向的广度。”

史蒂夫总结道：

“索巴咖啡馆挑战了污名，我们相信从成瘾中恢复是可以的，不要回避支持这一点，这没什么可羞愧的。同样地，我们觉得不必非要在墙上写上标语，硬让人们接受。如果你找一下，会发现我们在索巴咖啡馆和双重影响之间建立了一个明显的联系！”

## 二、双重影响研究院

纵观其历史，DI 一直非常重视教育和就业，这一传统现在体现在恢复研究院中。DI 研究院的目标[③]是：

- 将人们与他们自己、彼此和当地社区联系起来；
- 提高志向与抱负；
- 在需要时获得关键的功能技能培训；
- 获得 1 级和 2 级进阶学习；
- 协调志愿服务和工作的机会；
- 支持学生做好工作准备并就业；
- 生成同伴支持网络；
- 发展服务用户参与网络；
- 推进并支持恢复。

英国面临的问题是，教育计划要么侧重于基本素养和能力，要么侧重于在毒品和酒精领域做顾问或同行工作者所需的正式资格。因此，恢复研究院旨在为人们提供教育阶梯的第一步，如果他们需要的话，会提供支持以帮助这些客户实现目标，然后发展并支持他们正在进行的教育活动和

③ 详见网站说明，https：//www. doubleimpact. org. uk/how - we - help/education - employment/。

需求。

DI 的首席执行官格雷厄姆 · 米勒（Graham Miller）将研究院的基本原则解释为：

> “DI 一直试图做的是创建虚拟网络点。人们可以前后移动，联系到更广泛的社区——研究院是一个通往更广阔教育世界的网络点。他们可以体验教育世界，这可以带来有效的转变——DI 提供了结构和支持。”

格雷厄姆提出的论点是，恢复进程不是线性的，而是建立网络和联系，这可以像其他恢复途径一样激发变革，使人们积极参与教育。

就组织的历史而言，教育从一开始就是核心目标。正如格雷厄姆解释的那样：

> “有些自 12 岁或 13 岁以来从未上过学的人们想要学习。其他人则希望在其他工作领域接受再培训。［DI 开始时］，IT 正在快速发展，我们服务的这些人被抛在了后面。没有人有笔记本电脑——我们开设的第一门课程是 IT 技能。”

在个人发展框架内，研究院有双重目标，即为从未受过教育的人提供技能，并为寻求新技能和能力的人提供再培训。这不仅适用于那些之前没有受过教育的人，也适用于在过去受过教育的人，还适用于需要在学习过程中克服技术障碍的人。

然而，格雷厄姆继续解释潜在的模式：

> “这与我们提供的学术内容关系不大，更多的是与我们提供教育的方式有关。无论主题是什么，它都与工作人员的设置和质

量有关。谈到研究院，雷切尔（Rachel）——领导整个研究院的QA［质量保证］——说到这一切都与转型学习有关。”

这与更广泛的社会和团体恢复途径的概念是一致的，其中存在强大的人际关系，并且这嵌入在为早期恢复的人们提供安全、支持和指导的团体中。DI 的另一位高级经理埃利诺（Eleanor）指出：

> “人们需要一个结构以及具体要做的事情，如果你不打算接受治疗服务，那么你就要从最广泛的意义上看待学习。我们一直是学术和实践学习相结合——我们也在继续这样做，因为这是有效的。”

DI 员工的关键身份是他们是恢复服务的提供者，其职责是支持人们继续他们的生活，这需要与社区进行有效的互动。

格雷厄姆继续总结道：“你正在利用学习给人们一个新的身份——并使网络在其下蓬勃发展，这一切都结合在了一起。”这与第八章中介绍的改编后的 CHIME 运转模型相吻合，其与恢复社区的联系激发了希望，这为人们提供了动力：通过在他们的生活中拥有意义感来启动改变身份的循环过程，这是赋权且鼓舞人心的。这就是格雷厄姆（Graham）提出的关于网络的观点——它们提供了产生希望的最初灵感，从而产生了一种信念，即存在可行的变革选择，并且可以通过积极参与社区资产和接触这些资产中涉及的人来实现。由此可知，可见且有吸引力的恢复中心可以吸引人们，并激励和支持变革进程。

研究院项目在地理上比索巴咖啡馆更加多样化，分布在东米德兰兹郡由 DI 运营的每个中心，但其鼓励甚至支持不同服务的客户进入索巴咖啡馆体验恢复中心并发展自己的恢复关系。

## 三、DI 志愿者和员工的经历

第一段引文来自索巴咖啡馆的一名员工：

> “我从索巴咖啡馆的志愿服务中获得了很多层面的东西。在我的日常生活中，我很少有摆脱白噪声以及胡思乱想的机会，但在这里与团队一起，我从中得到解脱。在这里工作时，我只出现了两次恐慌，考虑到我对人以及与人亲近的恐惧，以及我每天都会经历多次恐慌，这真是太神奇了。我无法告诉你，能够在这里工作对我挑战生活中如此多的界限和限制有多大帮助，以及我获得了多大的成长。”

这是恢复中心的核心作用——它可以被视为一个平静、安全和宁静的地方，为恢复中的人们提供避难所和避风港。然而，它以一种挑战他们以扩展他们的界限并走出他们的舒适区方式来实现。

正如经理埃利诺（Eleanor）所说：

> “几年来，我们开展了艺术项目，将人们带到不同的场所、画廊、电影院、剧院——参与这座城市所提供的一切。这是我们尝试纳入路径中的一条原则。否则，人们会被困在服务机构中，不想离开。有些人希望永远将这些服务当作日间照管中心。”

换句话说，该服务旨在提供一个舒适和安全的地方，它同时是一种挑战他们成长和发展的资源。这也是联结型和桥接型资本至关重要的点——群体内的纽带构成了新兴恢复资本的核心部分，但他们需要与新的个人、团体和社区建立联系，以继续发展并最大限度地发挥人类潜力。这里的重点是持续增长和防止恢复路径和旅程停滞的风险。

埃利诺总结道：

> “索巴咖啡馆是让人们冒险的好地方，但同时提供支持和保护——周围的所有酒吧和酒馆。我们需要努力工作——恢复中的人很容易将自己包裹起来。这会在恢复的早期阶段出现，他们确实需要保护以及一个安全的地方——这在反馈中不断出现。但是你必须经常带头鼓励人们扩大他们的界限。”

出于这个原因，在内部支持增长并建立一个支持性的和强大的恢复社区，同与外部团体联系以创造途径并支持恢复融入更广泛社区的想法是齐头并进的。索巴咖啡馆和研究院的独特之处在于，他们创建了强大且可见的恢复社区，为处于恢复旅程不同阶段的人们创造希望和联系，并支持和鼓励社区参与。

## 四、西蒙（Simon）的故事

提供的案例研究尽可能代表的是叙述者的声音而不是我自己的声音。叙述者一边讲，我一边记录，因此出错很可能是我的失误，而不是他们所述故事中个人的过错。西蒙被问到六个基本的问题，这些问题构成了他恢复故事的核心，首先是他如何陷入成瘾问题的：

> “这是一个相当经典的故事——我觉得我无所适从。我有一个破碎的家庭——我有一个双胞胎兄弟：我和父母中一方住在一起，他和另一个住在一起。我被一些学校开除了。15 岁时，我发现了大麻和酒精，这让我感觉好多了。这种状况持续了好几年。我想一旦我打开了一种药物滥用的闸门，我就更愿意尝试其他药物，但我主要的成瘾物是酒精和大麻。我的心理健康状况不佳，到了 30 多岁时，我的生活一团糟，最后我吸食了海洛因和强效

可卡因。我感到被困住了，无法摆脱。我与家人的联系更少了，非常孤僻，几乎有广场恐惧症。”

通常情况下，恢复之路不会很快显现出来，西蒙说道：

“那时，大概 34 岁，我开始寻求帮助。我得到了 NA 帮助热线的电话号码，并在那里遇到了向我介绍 DI 的人。我感到很绝望，完全没有希望——我不能再这样生活了。我没有朋友，也没有希望——我十分焦虑。我不得不去看医生，服用抗抑郁药，但并没有用。我想逃避这种感觉。结果就是——最终酒精和毒品什么好处都没有给我——我只是感到更加焦虑、偏执，我开始幻听——生活简直无法忍受——我非常想出去，我给妈妈打电话，这就是我开始的方式。一开始我没能脱身——持续了几年时间。”

用他自己的话来说，帮助西蒙的是：

“去 12 步团队和 DI——人们似乎理解我的感受。他们有足够相似的生活，我有史以来第一次开始觉得有归属感。我得到了很多支持——在我 30 多岁的时候，我结交了人生中的第一批朋友。人们会聚集在你身边并给予你支持——起初我有点怀疑。那时有一段时间，我每天都要去参加 NA 会议，在 DI 有一个专门跟我联系的工作人员，我会去那里喝杯咖啡——有很多社交活动。最初，这真的很困难，我因焦虑而几乎无法交谈。然后我开始进行更多的锻炼——步行、骑自行车。我第一次拥有了一个我能坚持的时间表——我不仅仅是在使用。而且也是第一次，我玩得很开心，我开心了很多。”

当被问及 DI 在他的恢复之旅中扮演的角色时，西蒙说：

“专门跟我联系的工作人员真的相信我——当我不相信自己时，他就继续与我保持联系。他向我展示了我可以做到——他真的鼓励并支持了我。他帮助我设定了一些目标。然后是志愿工作——虽然最初每周只有三个小时，但这已经离就业很近了，而且我已经有八九年没有工作了。我简直不敢相信这对我来说有多重要——人们会信任我，让我坐在接待处。他们还为我提供有关家庭事务的咨询。其主要特点是，在我游移不定时，不断提供支持。一对一的会议、小组和志愿服务是核心。我现在兼职进行支持工作，作为范本来展示恢复工作，也为那些已经接受了一段时间服务的人提供指引——我喜欢它！”

本书中提出的修正后的 CHIME 运转模型有非常明确的依据——联系不但产生归属感和希望，也为人们打开了机会大门，在西蒙的案例中，是以志愿工作的形式出现的。这对他来说是生成性的——信任和包容的感觉使自尊和自我效能得以改善，并且产生与新身份相关的新生自豪感。部分联系是桥接型和连接型资本，通过新的社会联系调动社区资本。这是停止和恢复的良性循环，鲜明体现在他接受采访时做出的关于自己生活的总结性评论中：

“我的生活是有史以来最好的——截至上周我已经戒瘾 21 个月了。我在大学攻读健康与社会关怀 3 级；昨天我让我的孪生兄弟去参加他的第一次会面，我和家人一起回来了。我真的觉得我有了第二次生命。事情并不总是那么容易——但我相信一切都是可行的。如果你戒掉毒瘾并存活下来，那么你就非常强大。我想让我的家人感到自豪并帮助他人，这就是我去 DI 的原因——我仍然去参加会议并为 DI 工作——这就是原因。”

这种成为让别人感到自豪、可以帮助别人并可以做出贡献的人的感觉是变革过程中的关键动力，而 DI 的作用既是启动这一旅程，又是提供这一路上的培育和支持。

然而，西蒙在他自己的结论中明确指出 DI 在他的旅程中的作用：

> “DI 真的了解恢复社区，它就像一个家庭，总能给你提供一个安全的地方。有时，当我内心挣扎时，我会过去，我一直知道那里会有人和我说话。我真的相信它拯救了我生活。我觉得我无法在另一个城市完成恢复——DI 发挥了如此重要的作用。”

与治疗师的角色一样，恢复支持服务可以扮演双重角色——首先鼓励人们相信改变是可能的，然后通过提供持续的支持和指导来跟进，这两个阶段都以有效的联系以及真正的人际关系和关怀为支撑。西蒙的故事的重要之处在于，虽然他认为 DI 扮演着非常重要的角色，但当他提到由“非常强大的东西”组成时，他很清楚自己的转变和个人资本的增长。

## 结论和概述

DI 提供了对有效恢复中心运作的独特见解，该中心为联结型和桥接型资本提供了强大的空间。总体而言，该组织已从诺丁汉市中心的单一站点发展为多个区域站点，但重点越来越多地围绕城市中心的咖啡馆和每个区域团队运营的教育计划。

正如管理人员所指出的，项目的重点是创建一个真正的商业上可行的“商业街咖啡馆”，同时为恢复社区和在市中心寻找无酒精场所的人们创造一个安全的中心。该建筑还为恢复会议和团体提供了单独的空间。咖啡厅成了一系列互助会议前后的聚会场所。它所取得的成就以及本章提到的恢复故事所反映的是，在支持恢复社区与参与城市业务和联系公众之间的平衡。正是通过这种模式，它获得了桥接型和联结型社会资本，这也防止了咖啡馆成为恢复者的封闭场所。相反，诺丁汉人民广泛认为它是一个安全的去处，有吸引力且没有酒精和毒品。

它还提供了志愿服务和就业的机会，这在我们的案例研究中至关重要，并且反映了个人和社会资本增长在恢复过程中的关系。正如我们的第一个案例研究所表明的那样，在咖啡馆工作既提供了免受外部压力的空间，也在规定的角色（女服务员或咖啡师）保护下，提供了与不同大众群体互动的机会。索巴咖啡馆还为恢复社区活动提供了一个聚集点，这些活动不针对任何特定的恢复模式或理念，也不只针对那些有直接鲜活经验的人（因此可能涉及家人和朋友），这反映了其包容性，对恢复社区的发展和倡导社会正义模式至关重要。

在个人发展的背景下，从更广泛的意义上看，这与对教育的关注一致，DI 非常明确关注进步和发展的理念，其中最典型的代表是恢复研究院。因此，有一个明确的目标是，通过一系列教育成就和机会帮助人们发展个人恢复资本，但这些都是作为补充以及嵌入基于关系的世界中的，在这个世界中，同伴和治疗关系对模型的有效性至关重要。DI 成功的原因之一，其提供一系列支持以满足恢复过程中不同时间段的不同需求，然后提供获得伙伴的机会，其能帮助实现教育和职业目标。教育本身并不是目的，而是迈向下一个里程碑和成就的垫脚石。

DI 另外的关键特征之一是，它致力于提供同伴支持，其中大部分员工都有真实经验；而且如果不需要，这并不会表现出来。这确保了同伴指导者获得帮助者和志愿者身份的持续途径，其中许多人最终可能会在该组织获得有偿工作，并且也为那些刚开始恢复之旅的人提供了一批榜样和恢复导航者。这是个人发展部分的核心，这里有一条通往有意义和可持续就业的清晰可行的途径，其也可以在恢复社区内建立联系，并与其他可以获得一系列社区资源和机会的群体建立联系。

DI 的核心是基于关系的组成部分，在高级员工（他们也拥有可追溯到组织成立之初的传统）之间、员工与客户之间以及处于恢复旅程不同阶段的客户之间有牢固和共享的联系。这是福山（Fukuyama，2001）的信任半径概念，DI 内的联系会产生希望，因为这些关系有坚实的信任基础。该模式的核心是个性化途径的概念，无论这是在团体内还是在一对一的关系中，人们都坚持个人成长、幸福和积极关系的共同价值观。在 DI 有一种强烈而明显的社区感和联系感，这转化为共同的价值观以及对支持多个恢复途径的承诺。

DI 产生的信任半径很重要，因为它是一种社区参与和外部伙伴关系的形式，影响着当地社区并建立了通向许多社区组织的桥梁。正是该模式的这一部分创造了活力和可持续性，因为这可以催生当地社区的有效参与。

## 本章重点

• DI 是一种重要的同伴模式，其基础是建立信任半径并为处于不同恢复阶段的人们创造强烈的社区意识，基于可见的恢复中心，该中心为联结型资本和桥接型资本创造了环境。

• DI 恢复模式的核心是教育和个人发展，恢复研究院倡导通过个性化的积极改变途径建立自尊和自我效能来促进恢复。

• 轴辐式模式的概念意味着事件和活动有一个聚集点，以及一个使恢复支持可获得和可用的本地化服务。

• DI 的发展支持与当地组织和企业建立合作伙伴关系，这有助于使 DI 可持续发展，同时为其客户提供资源和支持。

• DI 的优势在于归属感和联系，其很好地示范了恢复的推进和发展促进了伙伴关系和信任的发展。

# 第八章　总结和结论

正如我在本书开头所述，这里描述的项目都是独特的、创新的，但它们并不是唯一的社区联系方面的项目。选择它们具有随机性，因为我理解的恢复是个人旅程，但也牢牢嵌入社会变革和发展过程中，而它们是我这一看法的真实体现。因此，最后一章中回顾的内容绝不是最终的或决定性的，而是体现了嵌入当地社区的支持性恢复模式的关键方面。回顾这些章节时，将总结一些关键的经验教训，讲述对政策和实践更广泛的影响，并描述社会恢复模型的关键基础。

从本质上讲，最后一章综合了从六个数据章节中获得的知识，因为建设社区资本的概念是通过越来越精细的问题发展起来的，并概述为支持动员社区资源和建立社区联系方法的过程。它还包括一个经验教训部分，这包括引入来自美国和欧洲的材料和证据，以批判性地评估我们对社区的了解以及所呈现的概念模式，这实际上是我在这些项目中观察到的以及我在过去 15 年中进行的其他停止和恢复研究的总结。虽然每一章都明确了问题和障碍（以及是如何克服的），但最后一章包含一个部分：介绍可能出现的一些挑战以及在尝试克服阻力和障碍方面学到的经验教训。

## 回顾关键流程和结果

最早的研究来自澳大利亚，那里的治疗社区和地方法院的关键人物的想法、远见和投入为研究提供了了灵感和动力，促使最初的想法付诸实践。与丹德农地方法院的地方法官合作的第一个项目，使用资产映射模型来解决墨尔本贫困地区有药物滥用问题的年轻人重新犯罪的问题。这一映射工作表明，即使在社会凝聚力相对较低、充满矛盾且极具挑战性的地区，也可以发现无数资产。在某些方面，这并不令人意外。更令人惊讶的是，这些机构、利益团体和社区组织中的许多关键人物都愿意并积极地与法院及其矫治对象接触。在某些方面，这是希望传播想法的最初火花。此外，参与和动员这些团体的过程本身就产生了动力和希望。

第二项澳大利亚研究来自澳大利亚东部地区救世军高级经理杰拉德·伯恩（Gerard Byrne）的努力，他想重新思考治疗社区应如何工作以创建“没有围墙的 TC”——当地社区的一个充满活力的和积极的参与者。由于这一承诺，中部海岸的两个 TC，多拉隆和费尔黑文，参与了一个项目，该项目侧重于两项活动：创建资产地图，然后开发用于操作这些资产的系统化模式——这是第一次系统化地围绕积极的社区联系的尝试。该项目还涉及现有员工、该计划的毕业生和这两项服务的现有客户之间的早期“联盟”。这也引发了这样一种想法，即 TC 内部和 TC 外部都有资产，有效的联系需要将两者结合起来，其明确目标是使所有可能涉及的人受益。这两个项目为模式的可行性提供了明确的证据，也为后续章节中开发的方法提供了开端。超越成瘾恢复的范畴，使整个社区获益，确实是希望的社会传播理念以及最终发展成为恢复城市的基础。

然而，回到时间顺序，尽管资产映射的想法不是 JFH 方法的核心组成部分，但对其有效应用至关重要。JFH 模式的中心思想是帮助被剥夺权利的人，主要是结束戒毒治疗或监狱生活后进行早期恢复的人，找到一个安全的生活场所并发展一系列专业技能和能力，同时建立强大的恢复网络，这随后演变为获取各种社区资源的途径。JFH 模型的核心是社会资本的想法——包括联结型和桥接型社会资本，以及与多个群体的联系的重要性。JFH 的主要参与策略是围绕联结型社会资本——鼓励学徒和员工之间强烈的参与感和责任感，以及保证大量资源投入，以确保在工作时间之外开展一系列亲社会活动。这有助于创建清晰的 JFH 身份，且与社会企业相关的独特和显眼的服装、标牌和品牌也有助于身份的建立。

在 JFH 项目中，我们还能够扩展评估方法的范围，从而提高分析的灵敏度。其中最重要的一个方面是社交媒体的使用，首先是作为 JFH 支持流程的一部分，其次是它对评估方法的贡献。工作人员为 JFH 学徒开设了一个脸书页面，为他们提供有关恢复活动和事件的信息，而这很快便形成参与项目人员的沟通机制和支持系统。由于这是一个开放页面，它也让我们有机会分析社交媒体参与的影响，并获得了很好的结果（Best et al., 2018；Bliuc et al., 2017）。研究结果强烈支持恢复理论和社会认同方法（Best et al., 2016）。那些在 JFH 中留得更久的人有更好的结果，但至关重要的是，预测停留更久的对在线网络越重要，认同群体（在帖子中更多地使用“我们”而不是“我”）也更常得到其他人认可。因此，有一种强烈的动态参与感，其中归属感会产生认可，这反过来又建立了更强大的联系，有助于留住客户，从而提高他们恢复过程的稳定性。这是故事的关键部分，因为它支持这样一种观点，即群体归属感对于群体参与很重要，同时为我们提供了一种崭新的和具有创新性的方式（非侵入性）来衡量这种情况发生的有效性。恢复小组使用脸书页面是提供支持方面的创新和灵活性的另一个标志，矫治对象对它的使用揭示出社交媒体在整体恢复参与和支持中可能发挥的潜在重要性。

JFH 故事的第二个核心部分是关于外部参与。JFH 的成功不仅因为学徒们彼此之间以及与员工之间的紧密联系（这将被描述为联合型资本），他们还都认为恢复是通过工作以及回馈社区获得自豪感和尊严的过程，住房工作是这个项目的核心。他们还获得了与布莱克浦各种团体和社区的联系，包括恢复团体，但也涉及艺术和戏剧、教育和培训，以及建筑贸易和镇上的商业社区，这是不常见的。通过这种方式，JFH 不仅是复制了澳大利亚的资产映射和使用模式，还修改了该方法，以充分利用其可用资源和组织已有的联系。因此，作为社会企业业务联系人的商人不仅能够为一些学徒提供工作，他们还支持 JFH 活动，并提供了获取一系列社区资源的机会，否则该团体可能无法获取这些资源。

这反映在社交媒体分析中，该分析表明，虽然员工和学徒占据社交网络的中心，但与各种外部利益相关者之间也存在相当大的互动——与布莱克浦和全国各地的许多专业团体和社区组织的桥接型资本。JFH 通过重新融入社会的过程挑战排斥和污名，这不仅基于团队的努力，而且基于对多个社区团体和活动的积极参与，这些团体和活动迫使参与者改变观点，并为这个传播希望和信念——相信城镇以及参与其中的人们——的措施感到自豪。

JFH 工作计划的关键推论是，一群有多种前科的人（包括吸毒史和刑事司法参与史）能够互相支持，并在一个被认为不适宜支持恢复且社区凝聚力不高、社区资源不多的领域获得更广泛的社区支持。正是在这种背景下，应该考虑与 HMP 柯克汉姆合作的后续项目。柯克汉姆的大多数囚犯都来自这个经济贫困地区，但我们能够实施一项基于希望和信任的工作计划，并得到多个利益相关者团体的积极支持和参与，尽管这些利益相关者团体通常不会作为恢复联盟一起工作。

对 JFH 的评估和监狱长格雷厄姆·贝克（Graham Beck）对这种包容性、基于优势的工作的投入创造了最初的合作伙伴关系，柯克姆合作伙伴关系建立在这一基础上。这一高级战略承诺对于克服有关管理的初始人员配置的焦虑及试图让家庭成员加入社区参与过程的风险至关重要。该项目本身具有内在联系，依赖于囚犯、家庭成员和监狱工作人员之间的平等协作关系，共同努力确定社区资源和机会以及与他们有效互动的机制。还有一个明确的目标，即项目产生的信任半径将在整个监狱中进一步传播。

文献表明，监狱服刑人员和家庭成员通常都缺乏社会资本并承受着巨大的压力（Codd，2007；Comfort，2003），但随着监狱服刑人员热情的增加，加上鼓励其家庭成员参与项目，当前项目的支持和参与度都很高。然而，对项目来说独一无二且至关重要的是，缓刑工作人员的参与以及他们对职业价值观“重塑”的体验。基于优势的工作的好处在新兴的伙伴关系以及团队内部信任和责任感的增长中显而易见，未来对连接者计划的评估中必须要增加的一项关键内容是，社会凝聚力和责任感。

这段研究经历是本书标题的核心——一种真正意义上的希望的社会传染性。它在三个参与的团体（以及我的评估团队）中传播，在整个监狱内产生了真正的涟漪反应并进一步影响到社区。虽然现在谈论疗效和结果影响还为时过早，但这个过程是生成性的，并在二元组和整个群体中建立了信任和信念，这也对试图量化这些事情的研究人员提出了挑战。换句话说，希望具有传染性，可以激发积极的参与和责任感以及社会认同感。该计划的另一个重要发现是，该过程与结果同样重要，因为它创造了一种信念，即恢复模式和基于优势的工作的可行性，不仅可以改善罪犯的体验，还可以改善监狱工作人员的生活。

这与恢复具有三个层次的理念有关：作为通往幸福和归属感的个人旅程；作为积极和有价值的关系的社会过程；作为一种创造自豪感和积极认同感的社会运动。由此产生了恢复是嵌入社会正义的过程的想法，这体现在 SARRG 的创建和随后出现的恢复城市想法中。SARRG 发展背后的想法是，研究恢复可以为成瘾恢复专业人士和恢复者带来积极和赋权的体验，同时有助于不断发展的社会运动。

每年举办四项关键恢复活动的想法是致力于可见的恢复庆祝活动的一部分，旨在创造积极和可获得的社会认同，并挑战排斥和污名。然而，诸如年度恢复骑行之类的活动也旨在为所有参与者带来乐趣，并帮助弱化恢复者、他们的家人、专业人士、研究人员和学者以及支持该活动的其他人之间的区别，目的是让恢复变得有趣、有吸引力和包容性，无论个人坚持什么样的恢复理念，或者他们是否恢复，是在恢复中或是恢复者的家庭成员。这种方法以纽带和桥梁的形式创造了社会资本，但也以聚集在一起组织和庆祝每个事件和活动的团体的形式创造了新的社会资本。现在，在学术和社区方面，谢菲尔德都是公认的恢复中心，这会帮助我们建立一种包容和参与的模式。

这对更广泛的社会正义问题产生了影响，而这些问题影响了我们在邻市唐卡斯特的工作。基于与充满活力和积极主动的恢复治疗服务的合作伙伴关系，以及拥有强大而有魅力的领导斯图亚特·格林（Stuart Green），唐卡斯特在创新方面享有盛誉，并且一年一度的“恢复博弈”中吸引了英国各地的兴趣和参与。该活动不断发展，现在是恢复日程中的重要组成部分，吸引了来自全国各地的团队，他们在那里比赛、社交、玩乐，但最重要的是认同恢复的可能性。因此，这是恢复城市概念的理想地点，根据ROSC（Kelly and White，2011）的想法，战略领导需要与基层活动相结合，以创建可持续变革的有效模型。

与欧洲城市禁毒（ECAD）以及根特和哥德堡市合作，恢复城市的目标是利用与恢复团体和社区相关的希望传播作为在社区层面挑战污名和排斥的机制。这个想法是，在多个城市中发现和分享知识，但除成瘾恢复外，其还将停止犯罪的人包括在内，并将所有边缘化和被排斥的群体纳入进来，以提高社区的连通性和包容性。

基于恢复性城市的原则，其目标是在整个欧洲倡导恢复模式，并分享有关如何提供有效恢复模式和方法的经验教训。这仍然是一项正在进行的工作，但人们对支持弱势和受排斥群体（吸毒和酗酒者）的恢复可以在社区中创造更多社会资本的想法产生了相当大的兴趣（基于使用社会资本可以增加而不是减少可用资本的总存量的想法），即使用这种方法来提高跨社区的桥接型和连接型资本，以增加公民参与、社区凝聚力以及社区所有成员的福祉和健康。挑战排斥和污名是通过基于优势的工作进行的，还基于传播和信任的原则。

我们在城市层面实现这一目标的第一次尝试是在谢菲尔德，我们在那里开展了由健康基金会资助的社区连接者项目，并与谢菲尔德市议会、SHSC 和 SASS 合作。该项目的目的是，让一群在恢复过程中取得不错成果的人参与并接受培训，充当社区连接者，为处于恢复初期的人们提供支持，从而与恢复团体和社区建立有效的联系。第一阶段非常成功，我们从志愿者和成瘾治疗服务的专业人员甚至我们自己的学生中招募了21名社区连接者。与之前的联系和参与项目一样，其主要的成功之一是创建了一个充满活力和强大的团队，并信守项目及其原则，且对团体和彼此同样如此。对于小组中一些正在恢复的人来说，这个项目提供了一个机会，可以向大学学者和成瘾专业人士就道德、治理和干预措施的实施等问题进行学习，而且在信任和团队责任感的精神下，这种学习是互惠的、共享的。但是，与澳大利亚的两个项目一样，该项目也有需要注意的地方，即关于传承和可持续性以及项目与特定资金挂钩的风险，也就是说，这些项目所取得的成就可能会很快消失。

尽管如此，健康基金会社区连接者项目在吸引不同主题和活动的社区组织方面仍取得了重大成功，有130多个团体成功参与，在现有联系的基础上建立了新的网络和联系。与之前的工作一样，这些分为体育和娱乐、教育和培训、社区和志愿服务以及互助等不同领域，遍布于城市及周边地区。这为在早期恢复中，根据人们的喜好、技能和能力来满足他们的个人需求奠定了坚实的基础，所有这些都是为了建立恢复资本，首先是社会和社区，其次是个人。本书介绍的模式中的一个关键概念是，恢复是建立优势和能力的个人旅程，但这些通常是通过社会机制和社区参与获得的。

这是脚手架的想法，是基于对恢复证据的了解，该证据表明长期恢复之旅的原因是个人需要成长并向他人学习，需要被接受并重新融入家庭、社区以及社会结构，如工作和住所。连接模式提供的内容以及第六章中探讨的内容是，虽然矫治对象可以体验这种增长，但变化发生在以下四个不同的层面。

一是为被排斥和孤立且社会资本少的客户提供支持，以获取积极的恢复资源和一系列更广泛的、能提高他们恢复资本的社区资产。

二是那些在恢复之旅中不断前进的人，受益于帮手原则并增加了自己通往当地社区的联系和桥梁，其有成长和回馈的机会。他们还可以扩展自己的社交网络、社区资本和对社区的积极归属感。

三是与之前的所有研究一样，本研究最重要的发现之一是创建了社区连接者和恢复支持者的“联盟”，这反过来又成为一种新的资产形式。正是出于这个原因，社区联系工作重视这个过程——进化和成长的迭代过程可以创造新的结构和群体，以及促进希望的社会传播。该团体为其成员提供强大的联结型资本，可以建立一系列通往其他团体和社区的新桥梁。

四是谢菲尔德连接者项目最重要的经验之一，专业组织及其员工之间的联系和参与度的增长。他们也受到积极的和基于优势的方法的影响，从志愿者到高级管理人员的各个层面的参与度和联系也都有所改善。不仅是志愿者，工作人员也是任何以恢复为导向的系统的关键部分，他们的联系、福祉以及对积极活动和团体的参与是有效恢复模式的基本要素。

这些是基于优势的工作的“附加价值”部分，通常难以量化，但对于传播希望至关重要。尽管成功参与恢复的新客户数量相对较少，但整个过程是伙伴关系和联系的形成和增长的一部分。我们现在将要关注，可以从所提出的各种研究和项目中学到什么，以及这对恢复的社会模式有什么影响。

## 重温 CHIME

为了简要回顾这项工作，利米等人（Leamy et al.，2011）梳理了心理健康恢复文献并得出结论，恢复支持计划有五个基本要素，满足首字母缩略词 CHIME：Connectedness（联系）、Hope（希望）、Identity（身份认同）、Meaning（意义）和 Empowerment（赋权）。最初回顾中提出的证据表明，这些是有效恢复计划中的“基本要素”。然而，从成瘾恢复来看，我们的论点将超出此范围，并将提出这些因素如何结合以支持积极变化的顺序。在我们提出的模式中，客户一级的模式将支持初始序列——促进希望的是联系——通过观察成功的恢复转换并认识到恢复是可能的。但是，根据我与 SIMOR 的同事概述的模式（Best et al.，2016），与积极和亲社会群体的联系也提供了新的群体归属感和由此产生的身份变化。

这个过程有两个重要意义。首先是新群体的社会认同过程，所属群体的变化会带来身份的变化。当我们与我们想加入的有吸引力的群体互动时，我们会巧妙地改变我们的话语、行为和信仰，以符合群体的态度和价值观。我们不仅知道，一个人所属的群体越多，他们在健康和福祉方面受到的保护就越多（Jetten et al.，2012a），而且这仅适用于那些具有积极社会价值的群体（Jetten et al.，2015）。因此，在促进和支持这种身份改变中，创建可管理和易接近的恢复团体和社区路径，让个体感到受欢迎和接受是至关重要的。

然而，在连接模式中，身份的变化并不够。正如我们在英国（Best et al.，2011）和美国（Cano et al.，2017）的工作中所证明的那样，参与有意义的活动可以显著增强社交网络的变革。例如，在佛罗里达州的恢复住宅项目中，参与一系列有意义的活动显著提高了继续留在此计划的价值，从而改善了个人和社会恢复资本，并由此增加了福祉。这是积极活动和团体参与增加的过程的一部分，这将创造一种目的感和意义感，并增加与团体的联系。正如我们对互助团体的理解一样，积极参与比仅仅露面更能影响结果，我们认为，加入要求积极参与和行动的团体将明显产生更积极的结果。其次，积极参与群体可以进一步促使身份（个人和社会）的变化，并创建新的网络（社会资本），通过这些新的联系（社区资本）可以更好地获取当地可用的事物。

所以 CHIME 拼图的最后一部分是关于赋权。在变革的社会认同模式中，这涉及社会参与、有目的的行动和幸福感增加的良性循环，体现在日益增长的自尊和自我效能感中。在从本书提供的数据得出的 CHIME 方法中，个人恢复资本的增长体现在赋权部分中，其中个人从积极的身份改变、有意义和亲社会活动的参与以及增强的权能和自决权的循环中获得个人优势（以及对这些优势的认识）。但整个事情也有周期性，自我效能和赋权的提高也支持和维持联系的增长，并继续激发对个人和集体恢复的希望和信念。

总之，有效的联系会产生一种希望和信念，即改变是可能的。正是这一点创造了动机和条件，使个人成长以及积极的社会认同和认可形成积极的动态生成。这个主题将在下一节进一步探讨。

## 希望与意义

本节将讨论的问题是希望在上述模式中发挥的作用，以及它是怎样不仅渗透到个人旅程的每个阶段，还对那些获得基于希望的联系的人产生积极影响，如图 8.1 所示。

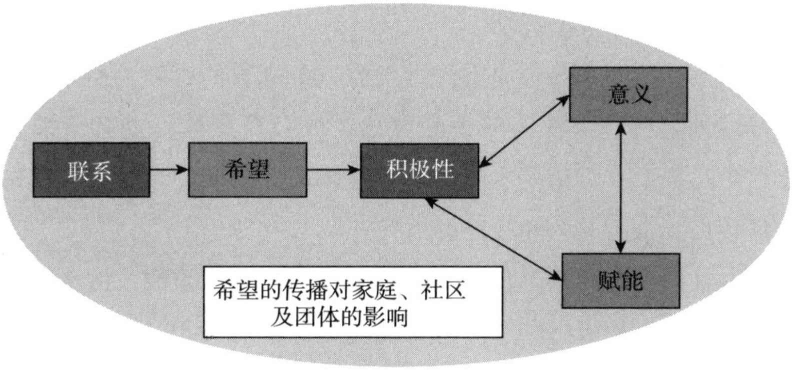


**图 8.1　CHIME、希望和互惠增长**

这里的关键点是希望具有生发能力，它不仅使恢复中的人受益，而且还会产生短期和长期的连锁效应。这是该研究的一个重要主题，恢复不仅通过弱势群体扩散，而且通过在更广泛的群体和社区中传播希望和联系扩散。这是布雷斯韦特（Braithwaite，2013）的一个关键观点，即社会资本在被利用时不会减少；相反，它被使用得越多，增长得越多。在 HMP 柯克汉姆的家庭连接者计划中，这不仅体现在罪犯及其家人的参与和热情上，更令人惊讶的是体现在参与该项目的缓刑工作人员的热情和活力上。

同时，由于听说了积极的经验和集体目标感，其他监狱工作人员也前来观看会议，这也产生了更广泛的影响。

对于这三个利益相关者群体而言，提升的希望感和幸福感有三种方式体现：内部、双人关系以及群体。换言之，个人幸福感增长，人际关系得到改善，并且对于群体的承诺作为社会和社区资本新兴基础的形成。然而，这种影响并不仅限于这三个群体，而是更广泛地扩展到了社区中。

这是一个生成过程，其中社区资本作为该过程的结果而增长，通过信任半径的增加（Fukuyama，2001）丰富了监狱中群体内外的生活，并且通过员工的努力和家庭成员有效地参与社区团体，进而有可能扩展到社区。这种社会传播依赖于现有的联系，使传播得以发生在恢复社区之外，并影响大范围的群体（被排斥的以及被包括在内的）。然而，支持人际信任增长和群体责任感的是关于成功停止、恢复和重新融入社区的共同价值观的希望感。当然，这不是一个简单的过程或一条笔直的道路，而是一种应对淡漠和冷漠的解药，其提供动力和灵感，以及对集体行动和可能性的信念。在这个过程中，希望提供的是指导身体采取行动的精神以及将这种希望和信任传播到人际关系和社区的勇气。

这在以社区参与和社会正义为基础的模式中非常重要，因为这不仅对资本资产负债表有积极影响，而且对恢复资源也有日积月累的影响。这就是治疗景观的想法适合该模式的地方（Wilton and DeVerteuil，2006），这是评估变化和监测幸福感增长的关键领域。为恢复团体创建获取一系列社区资源的多样化和可及途径的关键目标是，确保这些途径的可行性和可及性，供未来寻求恢复的人群使用。这个活动的积极意义在于，希望是会传播的，所以当这条路被更频繁地踩踏时，人们对其影响的信任也在增长，它的显著性和可及性也在增长。

这些与有意义活动的作用和目标感有关。工作、朋友和房屋最引人注目和最重要的经验之一是，学徒们为自己所做的事情感到自豪，他们为自己的伙伴、组织和当地社区做出了贡献，他们开始感到自豪并有一种归属感。有意义的活动对幸福感的影响已在上文中阐明，但部分原因是参与和成就带来的不断增强的自尊感、自我效能感和自豪感，这有助于克服自我污名化和负面标签的内化。

然而，有意义的活动和由共同活动与共同目标产生的联系之间存在很强的关联，有助于建立集体效能和积极的自我认同。这是连接者群体成为一个有凝聚力的群体的部分原因——有一种集体效能感，充满着共同的目标和蓬勃发展的希望。

柯克汉姆家庭连接者计划最令人兴奋的事情之一是，该计划使人们认识到这可能发生在监狱的背景下，并跨越囚犯和监狱工作人员之间感知到的对抗性界限。诚然，柯克汉姆属于 D 类监狱，适用于会在两年内释放的人，该计划尚未在其他类型监狱中进行测试，但这是该工作的重要发现，并表明该过程可能有助于建立积极的关系。如前所述，资产映射和培训连接者的过程产生的益处至少与结果产生的一样多。这种归属感取决于团队取得成功和成就，集体效能的建立以及每一次成功所带来的希望。

## 一、社区参与和社会正义

这不仅是一个在集团内部联结型资本的问题，也是一个关于连接型和桥接型资本的问题（Putnam and Feldstein，2004）。这个过程的成功不仅依赖于团体内的成功纽带，也依赖于团体有效地联结当地社区一系列不同资源的能力，并且这些团体积极公开地参与恢复或停止团体。这是围绕战略领导在促进积极的社会正义，以及在恢复小组或社区之外取得可见和可识别的成功的重要性方面面临的主要挑战。

在谢菲尔德的谢菲尔德社区连接者项目中发生的事情是由鼓舞人心的领导者推动的，丹德农的地方法院、黄金海岸的救世军恢复中心以及书中描述的许多英国城市都是如此。然而，在这些环境中，几乎所有弱势群体的代表一直是推动力并积极联系外部利益相关者，无论是处于长期恢复阶段的人，还是处于恢复旅程中相对较早阶段的人。他们有效地接触了外部社区团体，并与自己的团队和客户合作，积极利用社区中现存的资源。恢复城市理念的独特之处在于，代表其中一些社区资源的民间组织将积极承担这一角色。随这种模式变化的有两件事：第一，尝试不仅以身作则，而且试图创建一个建立包容性和社会正义的社区模式；第二，战略方向，正如希迪和惠特在 ROSC 工作中概述的那样（Sheedy and Whitter，2009），该模式的最终目标是增加社区中的整体社会资本池，以增加桑普森和劳布（Sampson and Laub，2003）所说的社会凝聚力，我们称为社会资本。这体现着跨社区的纽带的优势和互联性，“节点”之间有尽可能多的桥梁和联系，无论节点是指孤立的个人还是被排斥的社会群体。社区参与是一个建立联系及希望，挑战排斥并改变社区以允许他们支持恢复和停止途径的过程。

## 二、可见的恢复和社会认同

这种恢复和停止综合方法的概念与恢复作为一种运动，需要有一个可及和可见的组成部分的想法。正如我与澳大利亚同事（Beckwith et al.，2016）在一篇论文中概述的那样，恢复已被视为一种社会运动（在论文中，我们将其描述为“前喻”政治运动，以捕捉一个对自身影响力和集体能力有新兴意识的群体的意义）。这增加了我们对恢复的理解和定义，以及停止过程中可能缺乏的东西——对恢复的归属感，以及成为其中的一分子的自豪感。这在英国举行的年度恢复步行中最为明显，其由 SARRG 在谢菲尔德组织并运行，“追求”通过“恢复博弈”活动实现。人们聚在一起庆祝恢复并享受乐趣，同时与他人（仅是会进行恢复的一些人）分享这种成就感和自豪感。从社会传播的角度来看，关键点是恢复小组越显眼、容易接近和有吸引力，有成瘾问题的人就越有可能渴望加入并实现这一愿望。

哈斯拉姆等人（Haslam et al.，2018：17）认为，就最基本的意义而言，群体使生活值得过活，它们就是我们活下去的原因……同样地，如果群体对我们的生活产生负面影响（就像它们有时所做的那样），抑或我们缺乏或失去有价值的群体成员资格，那么我们可以看到社会认同过程将与不良健康结果有关。

这是2016年我们自己的SIMOR的基础——因为家庭生活混乱以及他们生活方式引起的排斥和污名化，大多数累犯和药物滥用者缺乏积极的社会支持和团体成员资格。因此，面临的挑战是支持他们从消极团体（对健康产生不利影响）过渡到积极团体，这些团体可以提供卡思·哈斯拉姆（Cath Haslam）和她的同事所描述的幸福感。

这正是索巴咖啡馆作为恢复中心所说明的。实际生活中，它为社会参与和互动提供了积极的空间，它还为参与恢复、社区和教育相关的新群体提供了机会，这可以使人们摆脱危险行为和群体。在SIMOR（Best et al.，2016）中，挑战激励人们从成瘾转向恢复群体，在这时恢复社区的可见性和吸引力很重要，并且它被视为可及和可用的，不仅适用于那些第一次寻求恢复的人，也适用于那些在恢复过程中失败和复发的人。在这里，恢复倡导者和导航者，以及更广泛的包容性和支持性社区，都在采取行动支持吸引和参与的过程。

## 三、恢复是一种社会运动

虽然与杰弗里·罗斯（Roth and Best，2013）一起完成的英国恢复计划概览总结了英国可见的恢复计划，包括新兴的英国年度恢复步行、恢复活动（如北威尔士的恢复步行小组）和恢复咖啡馆（如爱丁堡的Serenity Café），但那时还没有完全认识到恢复作为一种社会运动的重要性。

梅琳达·贝克威思（Melinda Beckwith）关于恢复作为一种前喻政治形式的论文（Beckwith et al.，2016）对这一讨论的补充，以及我们在本章前面部分和前几章中提到的内容，是对一个可见的集体运动的发展对许多刚开始恢复和已在恢复中取得效果的人的重要性的认识。这是行动中的社会认同——最重要的是对具有吸引力且具有较高地位和价值的事物的归属感。根据哈斯拉姆等人（Haslam et al.，2018: 46）的说法，“［我们所属的］群体的地位不仅影响我们作为群体成员获得的自尊和幸福感（如集体自尊……）而且还会影响我们的个人自尊和幸福感（Jetten et al.，2015）”。

对于在英国（和美国）恢复的人来说，有一种双重归属感：他们对所属群体的归属感，以及他们对在全国以及国际具有地位和影响的社会运动的归属感。随着散步活动和其他活动的激增和成功，通过可见的恢复社区，集体效能感可以以匿名互助会不可能实现的方式增长（尽管这两件事没有任何不相容之处）。哈斯拉姆等人（Haslam et al.，2018）的关键点是，这可以优化，从而创造个人幸福感以及归属感和赋权感。通过这种方式，CHIME 过程具有一种集体和个人的传播形式。这可能发生在宏观层面，就像全国运动一样；但也发生在地方层面，如 JFH 和索巴咖啡馆的案例研究所示。在这两种情况下，都有机会庆祝恢复成功，融入恢复社区和社会团体，围绕恢复成功和福祉建立强大的联系（如 Moos，2007）。在这两个案例中，人们对与联合型资本相关的组织有着强烈的自豪感和责任感，还包括人们希望成为其中一部分的活跃感和成功感。这在 JFH 脸书页面上进行的 SNA 中得到了最好的证明，在该页面上，通过成为社交网络的中心、得到其他成员的广泛认可以及使用表达集体责任感的语言，可以预测实现最好的保留率（以及结果）。这与有关 AA 的证据（Kaskutas et al.，2009；Kelly and Yeterian，2008）一致，这表明出席互助会议只会带来很小的益处，但积极参与团体会产生更强的约束力。

这与已经总结的社会认同模型一致，但这里的关键点是，积极参与促进变革以及挑战耻辱和排斥的社会运动可以激发恢复的希望。正如在移民群体的背景下所争论的那样（Jasinskaja Lahti et al.，2006），当个人团结在一个能够为他们提供积极身份并可以挑战排斥和耻辱可能带来的歧视的群体中时，他们更有可能有能力应对排斥。恢复运动的身份超越了恢复中的个人甚至他们所属的群体，揭示了集体使命和目标以及超越特定理念和方法的能量感，其将恢复描述为一种动态的、积极的、集体的和包容的事物。

## 四、专业人士和从业者的角色：恢复联盟

然而，这并不意味着专业人士或从业者在支持和积极鼓励恢复支持和途径方面没有作用。本书的大部分重点——从早期与丹德农救世军和地方法院的合作——都集中在专业人士的作用上，他们既是在包容性的社区联系方法中的战略领导者，又是实现这一模式的积极参与者。这通常说起来容易做起来难，但以恢复为导向和包容性的文化是一个强大的磁铁，具有吸引力，可以鼓励专业人士和同伴一起工作，并以明确的战略方向为支撑，其不仅仅是一种临时的方式。

虽然以恢复为导向的能力建设依赖于同伴活动以及同伴指导者和导航者的支持，但基本前提是需要专业人士和同伴以及家庭成员和更广泛社区的其他代表组成的联盟，以确保最大限度地获取社区资源（通过一系列个人网络）以及知识和技能的共享。这是为了确保更大的社区覆盖范围和获取更广泛的社区资产。

从最初的澳大利亚研究开始，凯利和怀特（Kelly and White，2011）阐述的以恢复为导向的系统的原则就在丹德农的地方法官和救世军管理人员的工作中得到了证明，他们认识到他们需要关注社区参与，基于优势的方法，为试图维持恢复和停止途径的人提供持续的护理和支持。

然而，这并不是一种“冷”推荐形式，即向客户提供联系方式并告诉他们继续做事，其基本目标是与同伴和专业人士建立确定的联系和参与，这不仅是初始联系方法的核心，而且是维持关系和积极参与的更广泛目标的核心。这对于项目的生成部分以及创建新的社区资源和社区联系也至关重要。书中概述的项目中有很多例子，但值得评论一下的两个项目是柯克汉姆家庭连接者和谢菲尔德社区连接者计划。

在柯克汉姆，共同的愿景和规划对项目的成功以及团队联系和信任的

潜在增长做出了重大贡献。这是福山（Fukuyama，2001）所说的“信任半径”的一个明显例子，其中基于优势的活动产生的希望的传染性在参与的三个群体之间创造了积极的能量及共同的归属感和成就感。正如斯奈德（Snyder，2000）所说，有希望的思考者比感到绝望的人更有能力实现他们的目标，并且有证据表明希望与从一系列疾病中恢复有关（Good et al.，1990）。柯克汉姆项目带来的一个意想不到的好处是加强了监狱服刑人员与家庭成员之间的关系，但更意外的好处是将缓刑工作人员纳入了这种基于希望的模型中。这在很大程度上是基于他们的开放性和积极参与，以及他们同监狱服刑人员和其家人平等地积极参与该计划。

在谢菲尔德的社区连接者工作中出现了类似的关系：来自一系列参与组织的高级管理人员在该项目中发挥了积极作用。这不仅对于在集团内展示领导力至关重要，而且对于制定以恢复为导向的系统的原则也同样重要，这些原则涉及战略愿景与基层活动的结合。当然，根据共同目标和积极的战略价值观，让一系列一线工作人员参与恢复小组和活动，并在恢复联盟的关键领域建立连接型资本也至关重要。这对于解决凯利和怀特（2011）在创建以恢复为导向的系统的想法中概述的关键点尤为重要，这些系统在恢复社区中嵌入了可及和公平的治疗系统，这些系统是整体和多方面的，从而可为个人选择以及不断发展的、新兴的需求提供支持。从根本上说，这是一个模式，它创造了支持和允许通向不断变化的途径的条件，但其也随着这些变化而发展和受益。在下一节中，我们将关注恢复在理解个人途径上以及如何将其与 CHIME 运转模型整合方面所起的作用。

## 五、什么是恢复资本

在最初的恢复资本模式中，格兰菲尔德和克劳德（Granfield and Cloud，2001）创造了术语“恢复资本”，将其定义为“可用于启动并维持戒瘾的个人资源的总和”（Cloud and Granfield，2009：1972）。他们在原始模式中讨论了恢复资本的四个组成部分：社会资本（指个人可能拥有的支持关系的数量)、实物资本（指有形物品，如财产和金钱)、人力资本（指个人的抱负、技能和积极的健康状况）以及文化资本（由一个人与社会一致性相关的信仰、价值观和态度组成）（Cloud and Granfield，2009)。然而，在2009年的论文中，克劳德和格兰菲尔德以某些生活经历（持续的心理健康问题、刑事司法历史）和某些人口因素（年龄和性别）影响了持久恢复可能性的观点为基础，引入了负恢复资本的概念来处理恢复障碍。在贝斯特和劳德特（2010）回顾恢复资本结构的论文中，它被分为三类：个人、社会和社区，后者在影响恢复路径的背景因素方面至关重要。在我们看来，正是与社区的动态互动，以及它在多大程度上可以被视为一种治疗景观，为个人和团体的恢复之路奠定了基础。

这为后续运用两项独立的措施对恢复资本进行操作化奠定了基础：恢复资本评估（Groshkova et al.，2012)，衡量个人和社会资本；以及恢复小组参与量表（Groshkova et al.，2011)，用于衡量社区恢复小组的积极参与。该举措的目的是开始操作恢复资本，以便能够一致可靠地进行衡量，并且可以检测到随着时间的推移而发生的变化。然后，这些知识可用于支持恢复倡导者和导航者，并使恢复中的人们对他们所处的位置以及在恢复之旅中仍需要做的事情有所了解。

我们继续推进REC－CAP（Cano et al.，2017）的后续工作，将恢复资源和优势的整体概况与恢复障碍和未满足的支持需求部分联系起来，为恢复护理计划的制订提供信息。这种想法背后的原因是，恢复随着时间的推移而发展，但这不会是线性的，也不会在所有领域保持一致。此外，恢复资本是可以衡量的，并且可以随着时间的推移而变化，更为重要的是，同伴拥护者和积极的社区参与可以影响和支持这种变化。

因此，需要有一个以连贯一致的方式监测和测量恢复的过程。我们的REC－CAP系统便是基于这样一种理念：恢复是一个渐进的过程，通常需要伙伴关系和当地社区资产的积极参与，并且内部动机和外部支持都可以协助这一过程。REC－CAP模式在两种意义上也是基于优势的——优势可以形成恢复的主要途径（而不是试图最小化疾病或病理因素），并且可以利用现有优势和资源（个人、社会和社区）实现其渴望的目标。

REC－CAP 模式（Cano et al.，2017；Best and DeAlwis，2017）的基础模式是基于构建恢复模型，支持恢复的三个循环阶段：测量、计划和参与。在这个模式中，恢复护理计划会议确定了三个领域中现有的恢复资本（以及恢复障碍和未满足的需求），以及自上次会议以来它们的变化，这通常是大约三个月前的会议。因此一年分为四个相等的时期，每个时期都有足够的时间进行有意义的改变并制订计划。如果进展顺利，这种频率可以减少，但在最初几年，每季度的会议为审查、规划和巩固成功提供了机会。评估的完成为恢复护理（计划）阶段的初始阶段提供信息，该阶段回顾上一季度取得的成功，并为下个季度基于优势和资源的计划的制订提供信息。

最后一个组成部分是参与，因为该模式假设有效参与社区资源是持续资源的重要组成部分。这一部分是因为恢复需要成为一个涉及付诸实践的主动过程。但这也是因为对于绝大多数开始恢复之旅的人来说，他们将没有足够的内部或个人资源，也没有足够的亲社会团体成员身份来开启和支持他们的恢复之路。

在我们对佛罗里达州的恢复住宅进行测试的模式中（Cano et al.，2017），同伴恢复导航者充当恢复者的合作伙伴或同盟，并且没有假设导航者必须是专业人士，即具有特定的资格。但是，他们确实需要能够建立牢固和可信的关系，以及对人和他们的关系的希望和信念；由此将产生外部联系和伙伴关系，这是导航者角色的第二个核心部分。他们负责扮演社区连接者的角色，成为恢复中的个人与社区资产之间的桥梁。为此，他们需要了解现有资产，以及能够建立有效的联系的地方，准备好并支持人们建立联系，为他们提供充分利用团体和资源所需的支持。

这是 CHIME 运转模型的核心，其中导航者或倡导者的角色是支持与恢复团体和社区的有效联系。治疗联盟的同伴是信任半径的开始，这可以激发动力，使之过渡到有意义的活动循环中，获得赋权感和自尊感，这将影响与积极团体和活动相关的新社会认同的发展。在这里制定的“帮手原则”，也将促进和支持同伴导航者中的类似互动。正是从这种关系中，图8.1中的灰色圆圈开始出现。这是基于关系的模式的附加价值，因为它们不仅在模式中心的个人进程中创造良性循环，而且还辐射产生，首先是积极的联盟，其次是对家庭和社区的益处。图8.2显示了在恢复（或停止）资本的想法方面，这是如何体现的。

图底部的白框说明了这如何影响更广泛的社区。最终目标是灰色区域提高社区凝聚力——由改善的联系和更高水平的希望推动——但同时这种传播既会在地理上扩展，也会扩展到新的联系、群体和社区中。这是一种内在的资本生态模式，其中社区恢复资本是一种动态力量，随着包容性和机会的增加而增长，并在污名、排斥和瓦解性羞辱开始主导地方社区时减少。这个模式是关于通向恢复的个人道路的，但是对每个成功旅程都会产生影响，并对社区本身产生影响，在此过程中，社区并非一成不变。随着群体中恢复的发展，它会影响对恢复可能性的看法以及对联系和社区参与的信念。

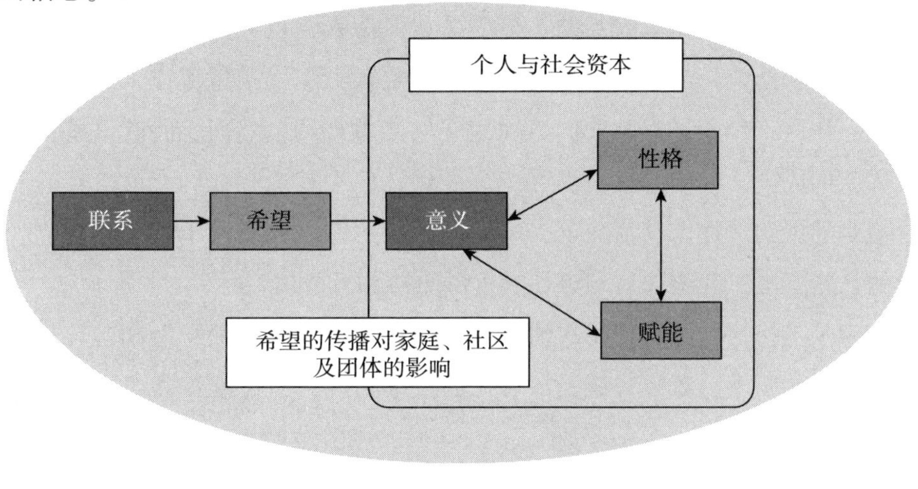


**图8.2　CHIME、资本和互惠增长**

在这种 CHIME 运转方法中，构建恢复治疗环境（Wilton and DeVerteuil，2006）本质上是一个构建有效和成功社区的过程，其中信任和社会凝聚力建立在有效联系以及社区优势和资源的运用上。这是通过社会传播过程以及将希望和包容作为传播和维持的主要事物的过程而发生的。在这个模型中，恢复资本不仅被视为个人的财产，而且是一种不断发展的社区资源，必须不断努力争取实现包容和积极参与。然而，与个人途径一样，这不是一件容易实现的事情，需要大量利益相关者的努力，我们在恢复和包容性城市方面的工作是解决围绕公民身份和包容性的一些挑战的尝试的一部分。如果没有持续的努力和支持，这些成果也很容易丧失。包容和希望的水平是一个动态发展的概念，会随着时间而改变。下一节将更深入地研究 CHIME 运转模型对政策和实践的影响。

## 六、政策和社会反应的作用：第三个停止阶段和恢复

本书从一个相对简单的前提开始，即仅靠个人的努力很少能实现恢复和停止，这需要一种支持有效重新融入和积极公民参与的社会契约。这意味着个人恢复之旅需要许多人的支持和参与，包括但不限于家人和朋友，可能还包括同伴工作者、互助小组成员和保证人，也可能包括更广泛的结构性因素和框架，其中就有潜在雇主、学院和大学的招生工作人员、缓刑官员、住房工作人员以及他们必须遵守的诸多规则。然而，所有这些人也是社区的成员，他们的反应很可能会受到社区中普遍存在的态度、经验和价值观的影响。在这种情况下，可见且可及的恢复将有助于转变和建立积极的社区资本，并增加对包容性态度的希望和开放度。

为了支持这一点，需要在地方和国家层面上围绕公民身份和包容性进行强有力的领导。毒瘾是最受污名化的健康状况，酒精排在第四（世界卫生组织，2001），（一旦沾染则）个人有很大风险被贴上标签并边缘化，在无法在接受恢复时，不能重新融入社区。2013 年，菲利普斯（Phillips）和肖（Shaw）发布了一项针对公众的在线调查结果，他们被问及一系列有关

社交距离的问题，如参与者被问及他们是否愿意让各种各样的人住在他们隔壁，或者照顾他们的孩子。该研究的主要发现是，与肥胖者或吸烟者相比，人们不仅不太愿意让吸毒者住在他们隔壁或与他们的姐妹约会，他们对恢复中的人也是这样的态度。调查受访者只对成瘾的人和正在恢复的人进行了细微的区分，这表明在普通公众的心目中，恢复不仅不太现实，而且充满风险。当这被转化为日常活动时，它对马鲁纳和法拉尔（Maruna and Farrall，2004）所说的在克服犯罪生涯影响的背景下的第三个停止阶段产生了深远的影响。如果公众（和专业人士）继续歧视那些已经为恢复或停止付诸努力的人，那么许多人最终将因缺乏机会和无法建立基本生活基础而失败，因为其没有合适的住房、难以获得尊重和尊严的工作，难以获得当地社区可用资源的渠道。换句话说，犯罪学专家对恢复得出了相同的结论——要完全实现恢复，不仅需要改变社会群体，还需要提倡包容和参与的有效社会反应。

这就是需要领导力的地方——如果不解决更广泛的社会问题，以恢复为导向的护理系统（Kelly and White，2011；Sheedy and Whitter，2009）就会失败。在凯利和怀特（2011）编撰的关于成瘾恢复管理的书中，讨论了一些成功的恢复社区的案例研究，这些案例中由社区提供机会和渠道，未来对此将会有更大规模的需求。我们采用包容性恢复城市模式的原因是，我们已经认识到了恢复远远超出治疗甚至其合作伙伴组织的范围。在这一领域存在的有限证据主要是美国的，这种模式需要扩展到英国和世界其他地区，并用于建立关于什么在社区层面有效的证据库。

对于政策制定者来说，这意味着不能有关于“联合工作”或“从摇篮到坟墓”护理的陈词滥调，因为这些模式不应完全依赖于一系列专业人士，而没有社区投入以及对每个社区中存在的独特资源和资产的认识。“钟摆也不应该摆到另一端”，以至于专业人士可以放弃他们的责任，将所有的引导和协调工作留给同伴和志愿者。联盟的意义可以在联结型、连接型和桥接型社会资本模式中得到最好的概念化：由社区连接者、专业人士、同伴和家庭成员组成的联盟可以提供各种资源和能力，这是战略领导者和政策制定者应该追求的目标。

一个有效的联盟将加强现有网络，并以包容的目的和目标激励它们，将在现有网络内产生更强大的联系，但至关重要的是将在以前没有联系的个人和团体之间架起桥梁。正因如此，希望的社会传播才能出现。虽然个人会从群体中来来去去，但如果信息足够强大和清晰，并且有足够多的普通人、专业人士和战略领导者坚持致力于这个过程，那么模式和信息的传播就会实现。此外，正如之前所指出的，参与识别社区资产、联系和培训的连接者，然后调动资产的联盟本身就是社区中一种新的资产形式。

正如柯克汉姆家庭连接者计划所示，建立基于希望和优势的联盟，以关系为重点，扎根社区，有前瞻性愿景，这会产生个人的和人际交往中的幸福感，从而建立积极的社会认同感以及团体参与感和责任感。因此，有两种形式的积极传播：第一种是通过建立以希望为基础的新社区资产，这是连接过程的一部分——当地政策制定者和战略领导人应该希望这样做；第二种是通过所有积极参与社区建设过程的人的网络进行传播。这激活了现有的关系（监狱服刑人员与其家人之间），并创造了新的关系（不同家庭的成员之间），所有这些共同产生了涟漪反应，影响了警官和更广泛的监狱环境。

这是 ABCD 在起作用。英国越来越多地将这种模式作为恢复系统的核心部分，这与动员社区支持弱势群体获取社区资源，从而建立社会和社区资本的想法完全一致。政策制定者和决策者可以对此进行补充：首先，他们可以利用自己的联系和影响来调动社区资产，并在可能和适当的情况下提供资源；其次，他们有能力通过积极促进社区和专业人士参与积极传播和联系的过程来培育和支持“更大的图景”，而不是依赖非政府组织和社区团体来支持这一过程；最后，他们在帮助消除有效重新融入社会的结构和态度障碍方面发挥着核心作用。

我们希望通过目前正在进行的并有许多英国和欧洲城市参与的包容性

城市工作（Best and Colman，2018）来实现的目标是，坚持致力于融入和重新融入以及对创新的颂扬。我们已经知道，参与的城市像许多其他城市一样，拥有极好的社区居民以及社区与公益组织之间动态伙伴关系的例子，我们的任务是确定有效要素，评估它们的可转移性，并尝试编纂基于优势的伙伴关系工作的基本原则。从本质上讲，除了通过联系和希望建立社区并支持他们已经取得的成功和创新之外，我们并没有要求政策制定者做任何其他事情。这也是为了庆祝对恢复的集体努力，并从该模式中创造一种学习文化和一套共同的价值观和愿望，以建设包容性和恢复性城市。

## 七、所以现在怎么办

这项工作没有地理界限，这一最后章节将重点介绍我在英国和美国所做的工作：在社区和监狱环境中将恢复资本、“CHIME 运转”和“互联社区”的想法联系起来。这两个项目是相互关联的，它们试图通过缩写词 MPE 中概述的恢复导航的系统方法来推进本书中提出的想法：

- 措施
- 计划
- 参与

该模式提供了一个恢复优势和资源的系统映射，并利用这些来制订恢复计划，而相关计划通过积极获取一系列社区支持或资源来实施。该模式旨在实现一种基于关系和优势的恢复干预和支持方法。

卡诺等人（Cano et al.，2017）着眼于佛罗里达州的合作伙伴关系，展示了参与有意义活动的附加价值，以支持持续恢复和增加留在恢复住宅的价值的想法。这项工作是与佛罗里达州恢复住宅协会（FARR）和八家恢复住宅合作完成的，他们提供了一批恢复导航者与客户合作，基于季度活动，提供评估并帮助制订和实施由此产生的恢复护理计划。

这种方法背后是一个软件系统，这意味着恢复导航者可以在笔记本电脑甚至手机上完成 REC－CAP 测量（大约需要 15 分钟），这会立即转化为可视化的分数：无须输入数据，也无须延迟——这使评估可以立即用于为恢复护理计划流程提供信息。然而，这不是一个自动化的过程（Best and DeAlwis，2017），恢复护理计划部分取决于问卷上的分数概况，部分取决于客户自己的经验、观点和需求。这意味着恢复导航者和客户共同协商并拥有基于节点链接映射原则的最终护理计划（Dansereau and Simpson，2009），以确保最终产品的共享可视化。这进一步证实了恢复之旅需要时间和精力投入，需要恢复者的付出，还需要他们的家人和朋友的，以及更广泛社区的参与。当这一过程投入实践后，所有这些群体都将受益，因为这将传播希望，并致力于建立包容性社会和集体福祉。我希望你们也致力于支持这个过程。

# 参考文献


1. ACT Law Reform Advisory Council（2017）Canberra - Becoming a Restorative City：Progress Report on Community Ideas from Preliminary Conclusions. Reference 5：ACT Government.

2. Adler，P. （2002）‘Social capital：Prospects for a new concept’，Academy of Management Review，27（1）：17 –40.

3. Andrews，D. and Bonta，J. （1998）The Psychology of Criminal Conduct（2nd edition），Cincinnati，OH：Anderson.

4. Australian Bureau of Statistics（2013）‘2011 Census Quick Stats：Greater Dandenong’，www. censusdata. abs. gov. au/census_services/getproduct/census/2011/quickstat/LGA22670.

5. Beckwith，M.，Best，D. and Bliuc，A. （2016）‘What the recovery movement tells us about pre – figurative politics’，Journal of Social and Political Psychology，4（1）：238 –51.

6. Best，D. （2014）Strength，Support，Setbacks and Solutions：The developmental pathway to addiction recovery，Brighton：Pavilion Publishing.

7. Best，D. （2015）The Australian Life in Recovery Survey，Melbourne，Australia：Turning Point，Eastern Health.

8. Best，D. （2016）‘An unlikely hero?’ Drug and Alcohol Today，16（1）：106 –16.

9. Best，D. and Colman，C. （2018）‘Let's celebrate recovery. Inclusive

cities working together to support social cohesion', Addiction Research and Theory, doi: 10. 1080/16066359. 2018. 1520223.

10. Best, D. and DeAlwis, S. (2017) 'Community recovery as a public health intervention: The contagion of hope', Alcoholism Treatment Quarterly, doi: 10. 1080/07347324. 2017. 1318647.

11. Best, D. and Laudet, A. (2010) The Potential of Recovery Capital, London: RSA.

12. Best, D., Savic, M. and Daley, P. (2016) 'The wellbeing of alcohol and other drug counsellors in Australia: strengths, risks and implications', Alcoholism Treatment Quarterly, 34 (2): 223 - 32.

13. Best, D., Bliuc, A., Iqbal, M., Upton, K. & Hodgkins, S. (2018) 'Mapping social identity change in online networks of addiction recovery', Addiction Research and Theory, 26 (3): 163 - 173.

14. Best, D., Ghufran, S., Day, E., Ray, R. and Loaring, J. (2008) 'Breaking the habit: A retrospective analysis of desistance factors among formerly problematic heroin users', Drug and Alcohol Review, 27 (6): 619 - 24.

15. Best, D., Gow, J., Taylor, A., Knox, A. & White, W. (2011) 'Recovery from heroin or alcohol dependence: A qualitative account of the recovery experience in Glasgow', Journal of Drug Issues, 11 (1): 359 - 378.

16. Best, D., Loudon, L., Powell, D., Groshkova, T. and White, W. (2013) 'Identifying and recruiting recovery champions: Exploratory action research in Barnsley, South Yorkshire', Journal of Groups in Addiction and Recovery, 8 (3): 169 - 84.

17. Best, D., Byrne, G., Pullen, D., Kelly, J., Elliot, K. and Savic, M. (2014a) 'Therapeutic communities and the local community: Isolation or integration', Therapeutic Communities Journal, 35 (4): 150 - 8.

18. Best, D., Lubman, D., Savic, M., Wilson, A., Dingle, G., Haslam, A., Haslam, C. and Jetten, J. (2014b) 'Social identity and transitional identity: Exploring social networks and their significance in a therapeutic community setting', Therapeutic Community Journal, 35 (1): 10 – 20.

19. Best, D., Albertson, K., Irving, J., Lightowlers, C., Mama – Rudd, A. and Chaggar, A. (2015a) The UK Life in Recovery Survey 2015: The First National UK Survey of Addiction RECOVERY experiences, Sheffield: Helena Kennedy Centre for International Justice, Sheffield Hallam University.

20. Best, D., Beckwith, M., Haslam, C., Haslam, S. A., Jetten, J., Mawson, E. and Lubman, D. I. (2015b) 'Overcoming alcohol and other drug addiction as a process of social identity transition: The Social Identity Model of Recovery (SIMOR)', Addiction Research & Theory, 24 (2): 1 – 13, doi: 10. 3109/16066359. 2015. 1075980.

21. Best, D., Rome, A., Hanning, K., White, W., Gossop, M., Taylor, A. & Perkins, A. (2015c) 'Research for recovery: A review of the drugs evidence base', Crime and Justice Social Research, Scottish Government: Edinburgh.

22. Betty Ford Institute Consensus Group (2007) 'What is recovery? A working definition from the Betty Ford Institute', Journal of Substance Abuse Treatment, 33: 221 – 8.

23. Biernacki, P. (1986) Pathways from Heroin Addiction: Recovery without Treatment, Philadelphia: Temple University Press.

24. Bliuc, A – M., Best, D., Iqbal, M. and Upton, K. (2017) 'Building addiction recovery capital through online participation in a recovery community', Social Science and Medicine, 193: 110 – 17.

25. Boman, J. and Mowen, T. (2017) 'Building the ties that bind,

breaking the ties that don't: Family support, criminal peers and reentry success', Criminology and Public Policy, 16 (3): 753 – 73.

26. Bourdieu, P. (1985) 'The forms of capital', in J. G. Richardson (ed), Handbook of Theory and Research for the Sociology of Education, New York: Greenwood.

27. Braithwaite, J. (2013) 'Relational republican regulation', Regulation and Governance, 7 (1): 124 – 144.

28. Brunton – Smith, I. and McCarthy, D. (2017) 'The Effects of Prisoner Attachment to Family on Re – entry Outcomes: A Longitudinal Assessment', The British Journal of Criminology, 57 (2): 463 – 482.

29. Butler, M., Savic, M., Best, D., Manning, V., Mills, K. and Lubman, D. (2018) 'Wellbeing and coping strategies of alcohol and other drug therapeutic community workers: a qualitative study', Therapeutic Communities: The International Journal of Therapeutic Communities, 39 (3): 118 – 28.

30. Cano, I., Best, D., Edwards, M. and Lehman, J. (2017) 'Recovery capital pathways: Mapping the components of recovery wellbeing', Drug and Alcohol Dependence, 181: 11 – 19.

31. Christakis, N. and Fowler, J. (2009) Connected: The Amazing Power of Social Networks and How They Shape Our Lives, New York: Little Brown.

32. Chung, C. K. and Pennebaker, J. W. (2014) 'Counting little words in big data: The psychology of communities, culture, and history', in J. P. Forgas, O. Vincze, & J. László (eds), Social Cognition and Communication, New York: Psychology Press, 25 – 42.

33. Clinks and Social Firms UK (2014) Providing Employment and Training Opportunities for Offenders. Growing Sustainable Work Integration Social

Enterprises. A Report of Learning from this Programme, www. gov. uk/government/uploads/ system/uploads/attachment_ data/file/305974/Providing_ employment_ training_ opportunities_ for_ offenders. pdf.

34. Cloud, W. and Granfield, R. (2008) 'Conceptualising recovery capital: Expansion of a theoretical construct', Substance Use and Misuse, 43 (12 - 13): 1971 - 86.

35. Codd, H. (2007) 'Prisoners' families and resettlement: a critical analysis', Howard Journal, 46: 255 - 63.

36. Coleman, J. (1988) 'Social capital in the creation of human capital', The American Journal of Sociology, 94: S95 - S120.

37. Comfort, M. (2003) Home sweep: the social and cultural consequences of mass imprisonment for women with imprisoned partners, unpublished PhD thesis, University of London.

38. Community Indicators Victoria (2013) Greater Dandenong Wellbeing Report, Community Indicators Victoria, www. communityindicators. net. au/ wellbeing_ reports/greater_ dandenong.

39. Cruwys, T., Haslam, S. A., Dingle, G. A., Haslam, C. and Jetten, J. (2014) 'Depression and social identity: An integrative review', Personality and Social Psychology Review, 18 (3): 215 - 38, doi: 10. 1177/1088868314523839.

40. Czuchry, M. and Dansereau, D. F. (2003) 'A model of the effects of node - link mapping on drug abuse counseling', Addictive Behaviors, 28 (3): 537 - 49.

41. Dansereau, D. F. and Simpson, D. D. (2009) 'A picture is worth a thousand words: The case for graphic representations', Professional Psychology: Research & Practice, 40 (1): 104 - 10.

42. DeLeon, G. (2000) Community as Method. Theory, Model and

Method, Springer: New York.

43. Dennis, M., Scott, C. and Laudet, A. (2014) 'Beyond bricks and mortars: recent research on substance abuse disorder recovery management', Current Psychiatry Report, 1 – 7. De Silva, M., McKenzie, M., Harpham, T. and Huttly, S. (2005) 'Social capital and mental illness: A systematic review', Journal of Epidemiology and Community Health, 59: 619 – 27.

44. Dingle, G. A., Brander, C., Ballantyne, J. and Baker, F. A. (2012) '"To be heard": The social and mental health benefits of choir singing for disadvantaged adults', Psychology of Music, 41 (4): 405 – 21.

45. Duwe, G. and Clark, V. (2012) 'The importance of social support for prisoner reentry: the effects of visitation on offender recidivism', Correction Today, 74 (2): 46 – 50.

46. Farmer, Lord (2017) The Importance of Strengthening Prisoners' Family Ties to Prevent Reoffending and Reduce Intergenerational Crime, London: Ministry of Justice.

47. Farrall, S. (2002) Rethinking What Works with Offenders: Probation, Social Context and Desistance from Crime, Devon: Willan Publishing.

48. Flora, C. and Flora, J. (2013) Rural communities: Legacy and change (4th edition), Boulder, CO: Westview.

49. Fukuyama, F. (2001) 'Social capital, civil society and development', Third World Quarterly, 22 (1).

50. Galanter, M., Castameda, R. and Salamon, I. (1987) 'Institutional self help therapy for alcoholism: clinical outcome', Alcohol Clinical and Experimental Research, 11: 424 – 9.

51. Gavrielides, T. (2007) Restorative justice theory and practice: Addressing the discrepancy, Helsinki: HEUNI.

52. Gavrielides, T. (2014) 'Reconciling the notions of restorative justice

and imprisonment', The Prison Journal, 94 (4): 479 - 505, http: //tpj. sagepub. com/content/early/2014/09/01. 0032885514548010.

53. Gill, A. J., French, R. M., Gergle, D. and Oberlander, J. (2008) 'The language of emotion in short blog texts', proceedings of the 2008 ACM Conference on Computer Supported Cooperative Work, ACM, 299 - 302.

54. Giordano, P. C., Cernkovich, S. A. and Rudolph, J. L. (2002) 'Gender, crime and desistance: Towards a theory of cognitive transformation', American Journal of Sociology, 107: 990 - 1064.

55. Good, M., Good, B., Schaffer, C. and Lind, S (1990) 'American oncology and the discourse of hope', Cultural Medicine and Psychiatry, 14: 59 - 79.

56. Granfield, R., & Cloud, W. (1999) Coming clean: Overcoming addiction without treatment, New York: New York University Press.

57. Granfield, R. and Cloud, W. (2001) 'Social context and "natural recovery": the role of social capital in the resolution of drug - associated problems', Substance Use and Misuse, 36: 1543 - 70.

58. Groshkova, T., Best, D. and White, W. (2011) 'Recovery Group Participation Scale (RGPS): factor structure in alcohol and heroin recovery populations', Journal of Groups in Addiction and Recovery, 6: 76 - 92.

59. Groshkova, T., Best, D. and White, W. (2012) 'The assessment of recovery capital: properties and psychometrics of a measure of addiction recovery strengths', Drug and Alcohol Review, 32 (2): 187 - 94.

60. Haslam, C., Jetten, J., Cruwys, T., Dingle, G. and Haslam, A. (2018) The New Psychology of Health: Unlocking the Social Cure, Abingdon, Oxon: Routledge.

61. Haslam, S. A. (2014) 'Making good theory practical: Five lessons

for an Applied Social Identity Approach to challenges of organizational, health, and clinical psychology', British Journal of Social Psychology, 53 (1): 1 - 20.

62. Haslam, S. A. and Reicher, S. (2006) 'Stressing the group: social identity and the unfolding dynamics of responses to stress', The Journal of Applied Psychology, 91 (5): 1037 - 52.

63. Haslam, S. A., Reicher, S. D. and Levine, M. (2012) 'When other people are heaven, when other people are hell: How social identity determines the nature and impact of social support', in J. Jetten, C. Haslam and S. A. Haslam (eds), The Social Cure: Identity, Health and Well - being, New York: Psychology Press, 157 - 74.

64. Haslam, A., Jetten, J., Postmes, T. and Haslam, C. (2017) 'Social identity, health and wellbeing: An emerging agenda for applied psychology', Applied Psychology, 58 (1): 1 - 23.

65. Hirschfield, P. J. and Piquero, A. R. (2010) 'Normalization and legitimation: Modeling stigmatizing attitudes toward exoffenders', Criminology, 48 (1): 27 - 55.

66. Hobbs, W. R., Burke, M., Christakis, N. A. and Fowler, J. H. (2016) 'Online social integration is associated with reduced mortality risk', Proceedings of the National Academy of Sciences of the United States of America, 113 (46): 12980 - 4.

67. Hughes, R. (1999) '" Clean" or "dirty": drug injectors' perceptions of cleanliness and dirtiness in relation to HIV risk behaviour', Addiction Research, 7 (5): 433 - 445.

68. Humphreys, K. and Lembke, A. (2013) 'Recovery - oriented policy and care systems in the United Kingdom and United States', Drug and Alcohol Review, 33 (1): 13 - 18.

69. Hunter, B. A., Lanza, A. S., Lawlor, M., Dyson, W. and Gordon, D. M. (2016) ‘A strengths – based approach to prisoner reentry: the Fresh Start Prisoner Reentry Program’, International Journal of Offender Therapy and Comparative Criminology, 60 (11): 1298 – 314, doi: 10. 1177/0306624X15576501.

70. Jasinskaja – Lahti, I., Liebkind, K., Jaakola, M. and Jaakola Reuter, A. (2006) ‘Perceived discrimination, social support networks and psychological wellbeing among three immigrant groups’, Journal of Cross – Cultural Psychology, 37: 293 – 311.

71. Jason, L., Olson, B., Ferrari, J., Majer, J., Alvarez, J. and Stout, J. (2007) ‘An examination of main and interactive effects of substance abuse recovery housing on multiple indicators of adjustment’, Addiction, 102: 1114 – 21.

72. Jetten, J., Haslam, C. and Haslam S. A. (eds) (2012a) The Social Cure: Identity, Health and Well – being, New York: Psychology Press.

73. Jetten, J., Haslam, S. A. and Haslam, C. (2012b) ‘The case for a social identity analysis of health and well – being’, in J. Jetten, C. Haslam and S. A. Haslam (eds), The Social Cure: Identity, Health and Well – being, New York: Psychology Press, 3 – 19.

74. Jetten, J., Branscombe, N., Haslam, S., Haslam, C., Cruwys, T., Jones, J. and Zhang, A. (2015) ‘Having a lot of a good thing: Multiple important group memberships as a source of self – esteem’, PLoS One, 10 (6): e0131035.

75. Jones, R., Simonson, P. and Singleton, N. (2010) Experiences of Stigma – Everyday Barriers for Drug Users and their Families, London: UK Drug Policy Commission, www. ukdpc. org. uk.

76. Kaskutas, L. A., Bond, J. and Avalos, L. A. (2009) ‘7 – year

trajectories of Alcoholics Anonymous attendance and associations with treatment', Addictive Behaviors, 34 (12): 1029 – 35.

77. Kelly, J. and White, W. (2011) Addiction Recovery Management: Theory, Research and Practice, Humana Press: New York.

78. Kelly, J. F. and Yeterian, J. D. (2008) 'Mutual – help groups', in W. O' Donohue and J. R. Cunningham (eds), Evidence – based Adjunctive Treatments, New York: Elsevier, 61 – 105.

79. Kretzmann, J. and McKnight, J. (1993) Building Communities from the Inside Out: A Path Toward Finding and Mobilising a Community's Assets, Skokie, IL: ACTA Publications.

80. Lacey, N. and Pickard, H. (2015) 'To blame or to forgive? Reconciling punishment and forgiveness in criminal justice', Oxford Journal of Legal Studies, 35 (4): 665 – 96.

81. Laub, J. and Sampson, R. (2003) Shared Beginnings: Divergent Lives: Delinquent Boys to Age 70, Cambridge, MA: Harvard University Press.

82. Laub, J. H., Nagin, D. S. and Sampson, R. J. (1998) 'Trajectories of change in criminal offending: good marriages and the desistance process', American Sociological Review, 63: 225 – 38.

83. Laub, J. H., Sampson, R. J. and Sweeten, G. A. (2006) 'Assessing Sampson and Laub's Life – Course Theory of Crime', in F. T. Cullen, J. P. Wright and K. R. Blevins (eds), Advances in criminological theory: Vol. 15. Taking stock: The status of criminological theory, Piscataway, NJ, US: Transaction Publishers, 313 – 333.

84. Laws, R. and Ward, T. (2011) Desistance from Sex Offending: Alternatives to Throwing Away the Key, New York: Guildford Press.

85. Leamy, M., Bird, V., Le Boutillier, C., Williams, J. and Slade,

M. (2011) 'A conceptual framework for personal recovery in mental health: systematic review and narrative synthesis', British Journal of Psychiatry, 199: 445 – 52.

86. Link, B. G. and Phelan, J. C. (2001) 'Conceptualizing stigma', Annual Review of Sociology, 27 (1): 363 – 85.

87. Litt, M. D., Kadden, R. M., Kabela – Cormier, E. and Petry, N. (2007) 'Changing network support for drinking: Initial findings from the Network Support Project', Journal of Consulting and Clinical Psychology, 75 (4): 542.

88. Litt, M., Kadden, R. M., Kabela – Cormier, E. and Petry, N. (2009) 'Changing network support for drinking: Network Support Project two – year follow – up', Journal of Consulting and Clinical Psychology, 77 (2): 229 – 242.

89. Llewellyn, J., Archibald, B., Clairmont, D. and Crocker, D. (2013) 'Imagining Success for a Restorative Approach to Justice: Implications for Measurement and Evaluation', Dalhousie Law Journal, 36 (2): 281 – 316.

90. Longabaugh, R., Wirtz, P. W., Zywiak, W. H. and O' Malley, S. S. (2010) 'Network support as a prognostic indicator of drinking outcomes: The COMBINE study', Journal of Studies on Alcohol and Drugs, 71 (6): 837.

91. MacLin, M. K. and Herrera, V. (2006) 'The criminal stereotype', North American Journal of Psychology, 8 (2): 197 – 208.

92. Manning, V., Best, D., Faulkner, N., Titherington, E., Morinan, A., Keaney, F., Gossop, M. and Strang, J. (2012) 'Does active referral by a doctor or 12 – step peer improve 12 – step meeting attendance? Results from a pilot Randomised Control Trial', Drug and Alcohol Dependence, 126 (1):

131 - 7.

93. Markson, L., Losel, F., Souza, K. and Lanskey, C. (2015) 'Male prisoners' family relationships and resilience in resettlement', Criminology & Criminal Justice, 15 (4): 423 - 41.

94. Marmot, M., Allen, J., Goldblatt, P., Boyce, T., McNeish, D., Grady, M. and Geddes, I. (2010) Fair Society, Healthy Lives: A Strategic Review of Inequalities in England Post - 2010, London: University College London.

95. Maruna, S. (2001) Making Good: How Ex - Convicts Reform and Rebuild Their Lives, Washington, DC: American Psychological Association.

96. Maruna, S. (2012) 'Elements of successful desistance signalling', Criminology and Public Policy, 11 (1): 73 - 86.

97. Maruna, S. and Farrall, S. (2004) 'Desistance from crime: A theoretical reformulation', Kolner Zeitschrift fur Sozologie und Sozialpsychologie, 43: 171 - 94.

98. McIntosh, J. and McKeganey, N. (2000) 'Addicts' narratives of recovery from drug use: constructing a non - addict identity', Social Science & Medicine, 50: 1501 - 10.

99. McIntosh, J. and McKeganey, N. (2002) Beating the Dragon: The Recovery from Dependent Drug Use, London: Prentice Hall.

100. McKnight, J. (1995) The Careless Society: Community and its Counterfeits, New York: Basic Books.

101. McKnight, J. and Block, P. (2010) The Abundant Community: Awakening the Power of Families and Neighbourhoods, San Francisco: Berrett - Koehler Publishers Inc.

102. McNeill, F. (2014) 'Discovering desistance: Three aspects of desistance?' http: //blogs. irss. org. uk/discovering desistance/2014/05/23/

three – aspects – of – desistance/.

103. McNeill, F., Batchelor, F., Burnett, R. and Knox, J. (2005) '21st century social work', in Reducing Re – Offending: Key Practice Skills, Edinburgh: Scottish Executive.

104. Mericle, A., Miles, J. and Cacciola, J. (2015) 'A critical component of the continuum of care for substance use disorders: Recovery homes in Philadelphia', Journal of Psychoactive Drugs, 47 (1): 80 – 90.

105. Moos, R. H. (2007) 'Theory – based active ingredients of effective treatments for substance use disorders', Drug and Alcohol Dependence, 88 (2 – 3): 109 – 21.

106. Naser, R. L. and La Vigne, N. G. (2006) 'Family support in the prisoner reentry process: expectations and realities', Journal of Offender Rehabilitation, 43: 93 – 106.

107. National Audit Office (2010) 'Managing offenders on short custodial sentences', London: The Stationery Office.

108. Neale, J., Nettleton, S. and Pickering, L. (2011) 'What is the role of harm reduction when drug users say they want abstinence?' International Journal of Drug Policy, 22 (3): 189 – 193.

109. Nutbrown, C., Bishop, J. and Wheeler, H. (2015) 'Coproduction of family literacy projects to enhance early literacy development', Journal of Children' s Services, 10 (3): 265 – 79, https: //doi. org/10. 1108/JCS – 02 – 2015 – 0011.

110. OECD (2007) Human Capital: How What you Know Shapes your Life, Paris: Organisation for Economic Co – operation and Development.

111. Paternoster, R. and Bushway, S. (2009) 'Desistance and the 'feared self': Towards an identity theory of criminal desistance', Journal of Criminal Law and Criminology, 99 (4): 1103 – 56.

112. Pennebaker, J. W. (2011) The Secret Life of Pronouns: What Our Words Say About Us, New York: Bloomsbury Press.

113. Pestoff, V., Brandsen, T. and Verschuere, B. (eds) (2010) New Public Governance, the Third Sector and Co – production, London: Routledge.

114. Phillips, L. A. and Shaw, A. (2013) 'Substance use more stigmatized than smoking and obesity', Journal of Substance Use, 18 (4): 247 – 53.

115. Putnam, R. (1995) 'Bowling alone: America's declining social capital', Journal of Democracy, 6 (1): 65 – 78.

116. Putnam, R. D. (2000) Bowling Alone: The Collapse and Revival of American Community, London: Simon & Schuster.

117. Putnam, R. D. and Feldstein, L. (2004) Better Together: Restoring the American Community, New York: Simon and Schuster.

118. Radcliffe, P. (2011) 'Motherhood, pregnancy, and the negotiation of identity: The moral career of drug treatment', Social Science & Medicine, 72 (6): 984 – 91.

119. RETHINK (2008) Getting back into the world: Reflections on lived experiences of recovery, London, UK: RETHINK.

120. Rex, S. (1999) 'Desistance from offending: experiences of probation', The Howard Journal of Criminal Justice, 38 (4): 366 – 83.

121. Riessman, F. (1965) 'The helper therapy principle', Social Work, 10 (2): 27 – 32.

122. Rocque, M., Bierie, D. M., Posick, C. and MacKenzie, D. L. (2013) 'Unraveling change: social bonds and recidivism among released offenders', Victims and Offenders, 8: 209 – 30.

123. Rodham, K., McCabe, C. and Blake, D. (2009) 'Seeking support: An interpretative phenomenological analysis of an Internet message board

for people with Complex Regional Pain Syndrome', Psychology and Health, 24 (6): 619 – 34.

124. Ronel, N., and Segev, D. (eds) (2015) Positive Criminology, Abingdon, Oxon: Routledge.

125. Rosenquist, J. N., Murabito, J., Fowler, J. H. and Christakis, N. A. (2010) 'The spread of alcohol consumption behavior in a large social network', Annals of internal medicine, 152 (7): 426 – W141.

126. Roth, J. and Best, D. (eds) (2013) Addiction and Recovery in the UK, Abingdon, Oxon: Routledge.

127. Saleeby, D. (1996) 'The strengths perspective in social work practice: Extensions and cautions', Social Work, 41: 296 – 305.

128. Sampson, R. J. and Laub, J. H. (1992) 'Crime and deviance in the life course', Annual Review of Sociology, 18: 63 – 84.

129. Sampson, R. J. and Laub, J. H. (2003) 'Life – course desisters? Trajectories of crime among delinquent boys followed to age 70 * ', Criminology, 41 (3): 555 – 92.

130. Sampson, R. J. and Laub, J. H. (2010) 'Crime and deviance over the life course: The salience of adult social bonds', American Sociological Review, 73 (6): 1 – 22.

131. Savic, M., Best, D., Rodda, S. and Lubman, D. I. (2013) 'Exploring the focus and experiences of smartphone applications for addiction recovery', Journal of Addictive Diseases, 32 (3): 310 – 19.

132. Scott, J. (2012) Social Network Analysis, London: Sage.

133. Sheedy, C. and Whitter, M. (2009) 'Guiding principles and elements of recovery – oriented systems of care: what do we know from the research?' HHS Publication No (SMA) 09 – 4439, Rockville, MD: Center for Substance Abuse Treatment, Substance Abuse and Mental Health Services Ad-

ministration.

134. Shneiderman, B. (2008) 'Copernican challenges face those who suggest that collaboration, not computation are the driving energy for socio – technical systems that characterize Web 2. 0', Science, 319: 1349 – 50.

135. Sloan, J. (2012) '"You can see your face in my floor": examining the function of cleanliness in an adult male prison', Howard Journal of Criminal Justice, 51 (4): 400 – 10.

136. Snyder, C. (2000) Handbook of Hope: Theory, Measures and Applications, San Diego, CA: Academic Press.

137. Tajfel, H. and Turner, J. C. (1979) 'An integrative theory of intergroup conflict', in W. G. Austin and S. Worchel (eds), The Social Psychology of Intergroup Relations, Monterey, CA: Brooks/ Cole, 33 – 47.

138. Timko, C., DeBenedetti, A. and Billow, R. (2006) 'Intensive referral to 12 – step self – help groups and 6 – month substance use disorder outcomes', Addiction, 101 (5): 678 – 88.

139. Turner, J. (1991) Social Influence, Buckingham, UK: Open University Press, and Belmont, CA: Wadsworth Publishing.

140. UK Drug Policy Commission (2008) The UK Drug Policy Commission Recovery Consensus Group: A Vision of Recovery, London: UK Drug Policy Commission.

141. UK Drug Policy Commission (2010) Getting Serious About Stigma: The Problem With Stigmatising Drug Users: An Overview, https: //goo. gl/XH4MSy.

142. Ward, T. and Stewart, C. A. (2003) 'The treatment of sex offenders: risk management and good lives', Professional Psychology: Research and Practice, 34 (4): 353 – 60.

143. Weaver, B. (2016) Offending and Desistance: The Importance of

Social Relations, Abingdon, Oxon: Routledge.

144. Wexler, D. (1999) 'Therapeutic jurisprudence: an overview', presentation at Thomas Cooley Disabilities Law Review Lay Symposium, East Lansing, MI, 29 October.

145. White, W. (2006) Pathways from the Culture of Addiction to the Culture of Recovery: A Travel Guide for Addiction Professionals, Hazelden: Betty Ford.

146. White, W. (2009) Peer – based Addiction Recovery Support: History, Theory, Practice, and Scientific Evaluation, Chicago, IL: Great Lakes Addiction Technology Transfer Center and Philadelphia Department of Behavioral Health and Mental Retardation Services.

147. White, W. (2012) Recovery/Remission from Substance Use Disorders: An Analysis of Reported Outcomes in 415 Scientific Reports, Philadelphia, PA: Philadelphia Department of Behavioural Health and Intellectual Disability Services and the Great Lakes Addiction Technology Transfer Center.

148. White, W. (2017) Recovery Rising, Punta Gorda, FL: Rita Chaney.

149. Wilton, R. and DeVerteuil, G. (2006) 'Spaces of sobriety/sites of power: Examining social model alcohol recovery programs as therapeutic landscapes', Social Science and Medicine, 63: 649 – 61.

150. Williams, A. (1999) 'Introduction', in A. Williams (ed), Therapeutic Landscapes: The Dynamics Between Place and Wellness, Lanham, MA: University Press of America, 1 – 11.

151. Wolff, N. and Draine, J. (2004) 'Dynamics of social capital of prisoners and community reentry: ties that bind', Journal of Correctional Health Care, 10 (3): 457 – 90.

152. World Health Organization (2001) The World Health Report. Mental

Health: New Understandings, New Hope, Geneva.

153. Zehr, H. and Gohar, A. (2002) Little Book of Restorative Justice, Pennsylvania: Good Books.

154. Zhang, Z., Friedmann, P. D. and Gerstein, D. R. (2003) 'Does retention matter? Treatment duration and improvement in drug use', Addiction, 98 (5): 673 – 84.

155. Zoorob, M. and Salemi, J. (2017) 'Bowling alone, dying together: The role of social capital in mitigating the drug overdose epidemic in the United States', Drug and Alcohol Dependence, 173: 1 – 9.

156. Zywiak, W., Neighbors, C., Martin, R., Johnson, J., Eaton, C. and Rosenhow, D. (2009) 'The important people drug and alcohol interview: Psychometric properties, predictive validity and implications for treatment', Journal of Substance Abuse Treatment, 36 (3): 321 – 30.

# 索　引

## A

## B

## C

| | |
|---|---|
| community connections and Kirkham Family Connectors | 社区联系和 Kirkham 家庭连接者 |
| community connections project | 社区联系项目 |
| community connections underlying model | 社区连接底层模型 |
| community connectors in Dandenong Court study | 丹德农法院研究中的社区连接者 |
| community connectors in Dooralong study | Dooralong 研究中的社区连接者 |
| community connectors family as see Kirkham Family | 作为看 Kirkham 家庭社区连接者家庭 |
| Community Connectors project | 社区连接者项目 |
| community connector in JFH project | JFH 项目中的社区连接者 |
| community connector and recovery cities | 社区连接者和恢复城市 |
| community connector in Sheffield see REC – CONNECT project | 谢菲尔德的社区连接者请参阅 REC – CONNECT 项目 |
| community connector support for | 社区连接者支持 |
| community connector see also recovery navigators | 社区连接者另见恢复导航器 |
| community development see Asset Based Community Development; reciprocal community development model | 社区发展见基于资产的社区发展；互惠社区发展模式 |
| community engagement | 社区参与 |
| community groups/resources in Dandenong Court study | 丹德农法院研究中的社区团体/资源 |
| community groups/resources in Dooralong study | Dooralong 研究中的社区团体/资源 |
| community groups/resources limited family connections to | 社区团体/资源限制家庭联系 |
| community groups/resources in REC – CONNECT project | REC – CONNECT 项目中的社区团体/资源 |
| community stakeholders, role in ABCD | 社区利益相关者，在 ABCD 中的角色 |
| consensus groups | 共识小组 |

## D

| | |
|---|---|
| Double Impact staff/volunteer experiences at | 员工/志愿者经历的双重影响 |
| Double Impact Academy | 双重影响学院 |
| drug abuse see substance abuse | 药物滥用见药物滥用 |

## E

| | |
|---|---|
| education and training for connectors see Kirkham Family Connectors project; RECCONNECT project | 连接者的教育和培训参见 Kirkham 家庭连接者项目；REC 连接项目 |
| education and training see also Jobs, Friends and Houses project | 教育和培训也看到了就业机会，朋友和住房项目 |
| educational asset mapping | 教育资产映射 |
| employment Café Sobar as pathway to | 以就业 Café Sobar 作为途径 |
| employment role of Double Impact Academy | 双重影响学院的就业角色 |
| employment role in recovery | 就业在恢复中的作用 |
| Employment see also Jobs, Friends and Houses project | 就业另见工作、朋友和住房项目 |
| employment asset mapping | 就业资产映射 |
| empowerment | 赋权 |
| Exclusion | 排除 |

## F

| | |
|---|---|
| Facebook | 脸书 |
| families restoration of | 家庭恢复 |
| families role in prisoner reintegration | 家庭在囚犯重新融入社会中的作用 |
| families see also Kirkham Family Connectors project | 家庭参考 Kirkham 家庭连接者项目 |
| Farmer Review | 农民评论 |
| Florida recovery residences | 佛罗里达恢复住宅 |

## J



## K

## L



## M

## N



## O



## P

## R

## S

| | |
|---|---|
| Self – Help Addiction Recovery Centre (SHARC) | 自助成瘾恢复中心（SHARC） |
| Serious and Violent Offenders Reentry Initiative | 严重和暴力罪犯再入境倡议 |
| Service User Reference Group (SURG) | 服务用户参考组（SURG） |
| seven capitals model | 七大写字母模型 |
| Sheffield Addiction Recovery Research Group (SARRG) | 谢菲尔德成瘾恢复研究小组（SARRG） |
| Sheffield Addiction Recovery asset mapping and engagement | 谢菲尔德成瘾恢复资产映射和参与 |
| Sheffield Addiction Recoverylaunch and agenda of | 谢菲尔德成瘾恢复启动和议程 |
| Sheffield Addiction Recovery outcomes of | 谢菲尔德成瘾恢复结果 |
| Sheffield Addiction Recovery partnership foundation | 谢菲尔德成瘾恢复合作基金会 |
| Sheffield Alcohol Support Services (SASS) | 谢菲尔德酒精支持服务（SASS） |
| Sheffield Hallam University | 谢菲尔德哈勒姆大学 |
| Sheffield REC – CONNECT project background and aims of | 谢菲尔德 REC – CONNECT 项目背景和目标 |
| Sheffield REC – CONNECT project case studies | 谢菲尔德 REC – CONNECT 项目案例研究 |
| Sheffield REC – CONNECT project as co – production | 谢菲尔德 REC – CONNECT 项目作为联合制作 |
| Sheffield REC – CONNECT project coalition in | 谢菲尔德 REC – CONNECT 项目联盟在 |
| Sheffield REC – CONNECT project impact of | 谢菲尔德 REC – CONNECT 项目的影响 |
| Sheffield REC – CONNECT project overview of | 谢菲尔德 REC – CONNECT 项目概述 |
| Sheffield REC – CONNECT project phase 1 awareness raising | 谢菲尔德 REC – CONNECT 项目第 1 阶段提高认识 |
| Sheffield REC – CONNECT project phase 2 training sessions | 谢菲尔德 REC – CONNECT 项目第 2 阶段培训课程 |

| | |
|---|---|
| social identity impact of groups on | 群体对社会认同的影响 |
| social identity and JFH project | 社会认同和 JFH 项目 |
| social identity and recovery events | 社会认同和恢复事件 |
| social identity and recovery movement | 社会认同和恢复运动 |
| social identity mapping | 社会身份映射 |
| social identity model | 社会认同模型 |
| social identity model of recovery (SIMOR) | 恢复社会认同模型（SIMOR） |
| social justice | 社会正义 |
| social learning processes | 社会学习过程 |
| social media | 社交媒体 |
| social movement, recovery as | 社会运动，恢复作为 |
| social network analysis (SNA) | 社交网络分析（SNA） |
| social networks behaviour spread through | 通过社交网络行为 |
| social networks influence of | 社交网络的影响 |
| social networks and JFH project | 社交网络和 JFH 项目 |
| social networks recovery – oriented | 社交网络恢复导向 |
| social networks see also online networks | 社交网络参考在线网络 |
| societal perceptions | 社会观念 |
| Spirit of Recovery Awards | 恢复精神奖 |
| spoiled identity | 被宠坏的身份 |
| sports asset mapping | 体育资产映射 |
| staff see Café Sobar; prison staff; probation staff; professionals | 工作人员如 Café Sobar；监狱工作人员；缓刑人员；专业人士 |
| stakeholders see partnerships; recovery coalitions | 利益相关者如伙伴关系；恢复联盟 |
| stigma | 污名化 |
| stigma challenging | 耻辱的挑战 |
| strengths – based model | 基于优势的模型 |
| substance abuse overdose mortality | 药物滥用过量死亡率 |

## T



## U



## V



## W

# 译后记

2020年12月，我在查阅国外犯罪社会学的相关文献时偶然发现了《通往恢复健康和停止犯罪之路：希望在社会中的传染作用》（《Pathways to Recovery and Desistance：The Role of the Social Contagion of Hope》）一书。起初，我的目的是学习并希望能从这本书中获得一些启发，以助于未来的研究。然而，随着不断深入学习其内容，我产生了翻译这本书的念头。自那时起，我的翻译之路便开始了。

我非常荣幸能够翻译和呈现《通往恢复健康和停止犯罪之路：希望在社会中的传染作用》一书。这本书是由大卫·贝斯特（David Best）教授撰写，对于恢复健康和停止犯罪问题具有重要意义，并在国际上产生了广泛影响。在翻译过程中，我深刻体会到贝斯特教授的观点和研究成果对于改变我们对待成瘾和犯罪问题的方式具有重要意义。他提出了一种全新的视角，将焦点从痛苦和惩罚转移到拉力因素，如社区联系、希望、身份重建、生活意义和目的以及社区服务。这些因素被认为是促进成瘾恢复、停止犯罪以及实现全面健康、生活质量和社会贡献的主要催化剂。贝斯特教授通过他在澳大利亚和英国社区和监狱的研究，向我们展示了这种替代方法的实施方案和政策影响。他的研究不仅关注减轻成瘾和犯罪行为的症状，还强调了对个人全面健康和社区生活质量的影响，以及个人健康变化如何促进社区健康发展。这种转变的社会传染性概念引起了广泛的关注和研究。

这本书的顺利出版离不开贝斯特教授在该领域的卓越工作和研究成果。

同时，我也要感谢中央司法警官学院博士文库专项项目（XYBSWK2107）的资助，以及李亚西老师和王颖老师在第五至八章的译校工作。此外，还要感谢法律出版社的责任编辑慕雪丹老师对本书的耐心指导和帮助。没有你们的支持和鼓励，这本书的中文版将无法顺利出版。希望这本中文译本能够为更多读者带来启示和思考，并促进对恢复健康和停止犯罪问题的深入探讨。我相信，通过共同努力，我们可以改变对待这些问题的方式，为个人和社区创造更美好的未来。

在翻译过程中，我努力保持原著的准确性和意义的表达，深入理解贝斯特教授的观点，并尽力在中文版本中保持其原汁原味。同时，我也非常重视读者的理解和阅读体验，努力使用简明流畅的语言风格，使内容易于理解。然而，由于个人水平有限，在翻译过程中难免会有疏漏之处。因此，如果您发现了不妥之处，敬请批评和指正。

最后，衷心祝愿每一位读者在阅读本书时能够获得启发和收获！

任建通

2023 年 9 月 6 日于古城保定

**图书在版编目(CIP)数据**

通往恢复健康和停止犯罪之路：希望在社会中的传染作用 / (英) 大卫·贝斯特 (David Best) 著；任建通译. -- 北京：法律出版社，2023

ISBN 978-7-5197-8193-4

Ⅰ. ①通… Ⅱ. ①大… ②任… Ⅲ. ①社区-监督改造-研究 Ⅳ. ①D916.7

中国国家版本馆 CIP 数据核字(2023)第 155408 号

**通往恢复健康和停止犯罪之路：希望在社会中的传染作用**

**TONGWANG HUIFU JIANKANG HE TINGZHI FANZUI ZHILU: XIWANG ZAI SHEHUI ZHONG DE CHUANRAN ZUOYONG**

[英]大卫·贝斯特(David Best) 著

任建通 译

李亚西 王颖 审校

责任编辑 慕雪丹

装帧设计 汪奇峰 贾丹丹

**出版发行** 法律出版社

**编辑统筹** 法商出版分社

**责任校对** 赵明霞

**责任印制** 胡晓雅

**经　　销** 新华书店

**开本** 710 毫米×1000 毫米 1/16

**印张** 13.25 **字数** 208 千

**版本** 2023 年 10 月第 1 版

**印次** 2023 年 10 月第 1 次印刷

**印刷** 唐山玺诚印务有限公司

地址：北京市丰台区莲花池西里 7 号(100073)

网址：www.lawpress.com.cn

投稿邮箱：info@lawpress.com.cn

举报盗版邮箱：jbwq@lawpress.com.cn

销售电话：010-83938349

客服电话：010-83938350

咨询电话：010-63939796



**书号**：ISBN 978-7-5197-8193-4

**定价**：69.00 元

凡购买本社图书，如有印装错误，我社负责退换。电话：010-83938349